죄와 벌

부패 권력과 어용 언론을 국민에게 고발하다

죄와 벌

이동재 지음

지우출판

그곳에 도착하기 전엔
멈추지 않을 동지들과 함께합니다!

여는 글: 미리 보기

등장인물

이동재와 주변 인물

이동재 이 책의 저자. 2020년 2월,《채널A》법조팀 검찰반장 시절 수조 원대 주가 조작 피해를 낸 신라젠 사건을 취재하다 권력과 어용 언론의 '가짜 뉴스' 공작으로 누명 쓰고 202일간 투옥. 3년간 재판 끝에 무죄를 확정받고 모든 걸 바로잡는 중.

주진우 이동재 1심 변론을 맡은 변호사. 문재인 정권 치하에서 죄다 눈치 보며 꺼리던 이동재의 1심 변론을 맡아 무죄로 이끎. 윤석열 정부 대통령실 초대 법률비서관으로 근무함.

김정훈 주진우 변호사 사무실 소속으로 이동재의 검찰 조사 대부분을 함께한 변호사.

김단비 주진우 변호사 사무실 소속으로 소송 기록 18,000쪽을 검토한 변호사.

최장호 이동재의 오랜 벗. 고액 연봉의 로펌을 그만두면서까지 발 벗고 나선 변호사.

가짜 뉴스 유포자

최강욱 2020년 4월 총선 직전, 최악의 가짜 뉴스를 창조해 이동재에게 누명을 씌우며 국회의원에 당선됨. 피고인 신분이지만 법사위원으로 활동, 각종 설화를 빚음.

김어준 '직업적 음모론자.' 끊임없이 가짜 뉴스를 반복 유포하며 이동재와 한동훈을 공격하고 대중을 선동함. 권언 유착 사건 초기부터 매우 깊숙이 개입함.

유시민 2020년 4월 총선 직전, 가짜 뉴스를 반복 유포하며 이동재를 공격함. 한동훈 가짜 뉴스도 유포해 유죄가 선고됨. 사기 집단 VIK에서 강연, VIK가 대주주였던 제약사 '신라젠' 행사에 참석해 극찬. 20대 때부터 남에게 누명 씌우며 명성을 얻음.

황희석 민변 출신 친親 조국 인사. 최강욱과 함께 가짜 뉴스를 대거 생산해 냄. MBC의 이동재 가짜 뉴스 보도에 앞서 최강욱과 함께 찍은 사진을 SNS에 올리며 "둘이서 작전에 들어갑니다"라는 문구를 남겨 '이동재에게 누명 씌우기' 작전을 실행한 실체를 드러냄.

조국 온갖 비리로 실형 선고받은 문재인 정권 법무부 장관. SNS를 즐기는데 이동재와 한동훈 관련 가짜 뉴스와 합성 사진을 유포하다 슬그머니 삭제함.

정준희 2020년 4월 총선 직전, 이동재에 대한 가짜 뉴스를 유포한 뒤 '팩트 체크'를 강연하던 언론 학자. 문재인 정권에서 MBC 〈백분 토론〉과 KBS 〈열린 토론〉 진행자 자리에 감.

민언련 민주언론시민연합이라는 이름의 친 민주당 시민단체. 이동재를 직접 고발하며 가짜 뉴스를 반복 유포. 문재인 정권 언론 요직을 싹쓸이함. '종편 재승인 조작'에 다수 인사가 개입.

관여 언론

MBC 민노총 언론노조가 장악한 공영 방송. 사기 전과자 곁에 숨이 취재 중이던 이동재를 몰카 찍음. 수백 건의 보도로 국민에게 '검언 유착' 프레임을 선동함. 이동재가 무죄를 받은 후엔 모든 책임을 최강욱에게 떠넘김. 이동재에 대한 각종 위법 혐의로 검찰 수사를 받고 있음.

KBS 수신료를 앗아가는 공영 방송. 이동재와 한동훈이 '총선 공작'을 했다는, 언론 역사상 최악의 가짜 뉴스를 유포함. 친문 검사 신성식과 '진짜 검언 유착'한 것이 만천하에 드러나며 법조팀장이 기소됨.

TBS 서울시 산하 공영 방송. 〈김어준의 뉴스공장〉을 통해 이동재에 대한 가짜 뉴스를 널리 전파함. 김어준의 가짜 뉴스 전달 통로이자 방조범이었음.

뉴스타파 전과 5범 사기 전과자가 초반에 접촉했던 매체. 사기 전과자를 발굴해 별칭까지 지어 주며 협업하던 사이. 김만배·신학림의 '대선 개입 여론 조작 사건' 주인공.

장인수 MBC 기자. MBC의 '몰카 취재'를 주도하며 '검언 유착'이라고 떠듦. 전과 5범 사기 전과자를 찾아가 치맥을 사 주며 '지도 편달'을 받은 자.

정연욱 민노총 언론노조 소속 KBS 〈뉴스9〉 앵커. 최강욱의 가짜 뉴스를 팩트 체크 없이 유포함. 3년 만에 이동재를 찾아와 사과하고 '공개사과문'을 영구 게시함.

VIK와 사기꾼

VIK '밸류인베스트코리아'라는 이름의 사기 집단 기업. 3만 명에

게 폰지 사기Ponzi Scheme[01]를 저질렀으며, '신라젠' 제약사의 대주
주였음. 친문 인사들을 수시로 불러 강연함.

신라젠 코스닥 시가총액 2위까지 올랐던 제약사. 항암제 임상 실
패로 주가가 폭락해 17만 명에게 수조 원대 피해를 줌. 문재인 정
권 인사들의 주가 조작 연루 의혹을 받음.

이철 사기 집단 VIK의 대표. 유시민의 국민참여당 지역위원장이
었음. 1조 원대 사기로 징역 14년 6월을 선고받은 뒤 수감 중에 이
동재로부터 협박받았다고 주장함. 이후 400억 원대 사기와 배임,
6800억 원대 방문판매법 위반, 허위 사실 유포로 추가 기소됨.

사기 전과자(지 모 씨) 사기·횡령 등 전과 5범. 이철의 대리인인
것처럼 이동재에게 접근했으나 이철과는 일면식도 없는 브로커였
음. MBC와 손잡고 이동재와 한동훈이 '검언 유착'을 했다며 이를
제보한 제보자 코스프레를 함. 가짜 뉴스 유포로 기소된 뒤 재판에
불출석하다 구속됨.

검찰

이성윤 대표적 친문 검사. 문재인의 경희대 후배로 문재인 정권에
서 요직을 독차지함. 이동재를 잡겠다고 수사 인력 수십 명을 투입
했지만, 문재인 정권 관련 '청와대 울산 선거 공작'과 '옵티머스 사
건' 수사는 원천 봉쇄함.

정진웅 이동재 수사 당시 서울중앙지검 형사1부장. 한동훈 압수

---

01 피라미드식 다단계 사기 수법.

수색 중 '독직[02] 폭행 사건'으로 기소됨. 피고인 신분에서도 차장검사로 승진함.

신성식 이동재 수사 당시 서울중앙지검 3차장. 이동재와 한동훈이 총선용 공작을 했다는 희대의 날조를 KBS에 흘려 기소됨. 이재명의 중앙대 법대 후배.

김관정 이동재 수사 당시 대검 형사부장. 부원들의 이동재 무혐의 의견을 뭉개버림. 각종 의혹에도 '추미애 아들 휴가 미복귀 사건'을 서둘러 무혐의 처리함.

추미애 문재인 정권 법무부 장관. 이동재 수사 당시 헌정 두 번째로 '수사 지휘권'을 발동해 윤석열 검찰총장의 손발을 묶음. 주가조작 수사 전문인 '증권범죄합수단'을 폐지하기도 함. 윤석열 대통령 탄생의 1등 공신임.

시놉시스Synopsis

제21대 총선을 2주 앞둔 2020년 3월 말, MBC는 이른바 '검언 유착' 보도를 대대적으로 쏟아낸다. 이후 좌파 진영 유튜브는 기다렸다는 듯이 MBC의 허위 사실을 앵무새처럼 떠들어대는가 하면 미리 준비해 둔 성명서까지 내며 이동재와 한동훈 그리고 윤석열 검찰총장을 향해 모두 공격에 나선다. 법무부 장관 추미애는 이튿

---

02 瀆職, 어떤 직책에 있는 사람이 그 직책을 더럽힘.

날 아침, KBS 라디오 프로에서 이렇게 말한다.

"사안을 심각하게 보고 있다. 여러 방식으로 조사할 필요가 있다."

공영 방송과 좌파 진영 그리고 추미애 법무부는 자웅동체였다. 선거를 앞둔 시기에 어김없이 등장해 반복하는 좌파 진영의 루틴은 이러했다.

제일 먼저, 범법자의 폭로
→ 그다음 검증 없는 언론의 마구잡이식 보도
→ 그리고 하이에나처럼 달려든 권력자들의 허위 사실 유포

아주 익숙한 이 패턴은 선거를 앞둔 시기에 어김없이 등장하는 좌파 진영의 루틴이다. 2002년 '김대업 병풍 사건' 때부터 닳도록 써먹은 허위 사실 유포가 '핵심 무기'로 동원된다. 최강욱·유시민·김어준·민주언론시민연합(민언련) 등은 동시다발적으로 허위 사실을 유포하며 순식간에 '검언 유착' 프레임을 제작해 낸다. 그들은 진지하고도 집요했다. 총선 직전에 '가짜 뉴스'를 전면에 내세울 만큼.

'조국 사건'과 '울산시장 선거 개입 사건'으로 그들의 민낯이 까발려진 가운데 '신라젠 사건'과 '라임·옵티머스 사태' 등 그들을 겨누는 권력형 비리 의혹까지 수면 위로 올라와 있던 상황. 문재인 정권의 살아 있는 권력에 손을 댄 윤석열과 한동훈을 제거하

여는 글

고, 자신들의 묶은 옥죄는 검찰 수사까지 덮기에 이보다 더 좋은 기회는 없었을 터.

'검언 유착' 가짜 뉴스는 대한민국의 모든 기록을 새롭게 썼다. 수조 원대 권력형 비리 의혹을 파헤치겠다고 나섰던《채널A》이동재 기자가 저들의 저열한 '총선용 공작'으로 감옥에 갇혔다. 그에게 붙여진 죄목의 제목은 '강요미수'. 대한민국 건국 이래 듣도 보도 못한 혐의를 붙인 첫 구속이었다. 월급을 받아 아파트 대출금을 갚아나가던 평범한 30대 중반의 이동재가 포털 실시간 검색어 1위에 오르는 일은 눈 깜짝할 새였다.

추미애는 "이동재 수사에 개입하지 말라"며 헌정 사상 두 번째로 검찰총장 윤석열의 '수사 지휘권'을 빼앗았다. 31년 만의 언론사 압수 수색이《채널A》에 가해졌다. 법원은 이동재 기자의 보석 결정을 아무런 이유 없이 넉 달을 끌더니 구속 만기 하루 전에야 허가했다. 검사가 선배 검사를 폭행했다. 좌파 권력과 어용 언론, 일부 정치 검찰의 끊임없는 허위 사실은 대한민국을 아수라장으로 만들었다.

한편, 수조 원대 권력형 비리를 취재하던《채널A》이동재 기자는 누명을 쓰고 감옥에 가면서 인간이 감당할 수 없는 고통을 겪지만, 그 지옥 같은 현실을 버티고 견뎌 낸다. 그리고 모든 재판에서 전부 무죄를 선고받는다. 자신들의 정치적 목적을 달성하고자 이동재 기자를 공작으로 인격 살인했던 자들에겐 늦게나마 단죄가 진행 중이다.

이 책은 권언 유착 공작에 맞서 세상을 바꾼 한 평범한 기자의 3년여에 대한 아주 특별한 이야기다.

'권언 유착'[03] 사건 타임 라인

2015년 1월	유시민, 부산대병원 '신라젠'[04] 행사에 참석해 축사함
2019년 8월	'신라젠' 임상 3상 실패
2020년 2월 5일	윤석열, '신라젠 주가 조작' 수사팀 보강 지시
2020년 2월 5일	이동재, 신라젠·VIK 사건 본격 취재 시작
2020년 2월 17일	이철 VIK 대표, 구치소에서 이동재 1차 편지 수신
2020년 2월 20일	이철 VIK 대표, 구치소에서 이동재 2차 편지 수신
2020년 2월 22일	김어준, 이철이 받은 편지 입수

---

03 문재인 정권 시절, 여권은 검찰과 언론이 손을 잡고 정권 인사를 치려 했다는 '검언 유착' 몰이에 나섰다. '한동훈 검사장을 비롯한 윤석열 세력이 보수 언론과 합작해 친문 인사를 공격하려 했다'라는 망상이다.
    그러나 '검언 유착' 몰이의 실체는 '권언 유착'으로 드러났다. 당시 여권 인사들과 친정권 방송, 사기꾼 등이 합작해 살아 있는 권력의 비리 수사를 하던 윤석열과 한동훈을 찍어 내기 위해 만들어 낸 사건.

04 2006년 3월에 설립된 의학 및 약학 연구개발 기업. 2016년 12월에 코스닥 상장. 문재인 정권 테마주로 급부상.

여는 글

2020년 2월 25일	사기 전과자[05], '이철 대표 친구'라며 이동재와 1차 만남
2020년 3월 13일	사기 전과자, 이동재와 2차 만남(*MBC 몰카 동행)
2020년 3월 22일	사기 전과자, 이동재와 3차 만남(*MBC 몰카 동행)
2020년 3월 22일	황희석, SNS에 최강욱 사진 및 "둘이서 작전에 들어갑니다" 게시
2020년 3월 31일	MBC, '검언 유착' 보도 시작
2020년 3월 31일	최강욱, '검언 유착' 허위 사실 유포
2020년 4월 3일	최강욱, '검언 유착' 허위 사실 추가 유포

05 TBS 〈김어준의 뉴스공장〉 등 공영 방송은 사기 전과자(제보자 X)를 M&A(인수합병) 전문가로 소개했지만, 그는 정작 M&A와는 거리가 먼 '전과 5범'. 사기 전과자는 2001년 배임 및 강제집행 면탈 혐의로 2004년 징역 1년에 집행 유예 2년을 확정받은 것을 시작으로, 2004년 저지른 특정경제범죄가중처벌법상 사기와 범인 도피 혐의로 2007년 징역 3년에 집행 유예 5년이 확정되기도 했다. 2006년 저지른 특경가법상 배임 혐의로 2009년 징역 3년에 집행 유예 4년이 확정됐으며, 2013년 저지른 특경가법상 횡령 혐의로 2015년 징역 4년이 확정되기도 했다. 이 밖에 주식 수만 주를 '담보'로 주겠다며 상조회사 설립 투자금을 챙긴 혐의(사기)로 징역 8개월이 확정되기도 했다. 이런 자가 VIK 사건을 취재하던 이동재에게 접근했다. 이동재가 구치소에 있는 이철에게 취재용 편지를 보낸 뒤 며칠 지나지 않아서.
사기 전과자는 이동재의 형사 재판 1심 내내 불출석하면서도 그 와중에 유튜브 채널을 운영하며 MBC 장인수 기자와 술을 마시는 방송까지 내보냈다. 이후 윤우진 전 용산세무서장에 대한 허위 사실 유포로 기소된 후 재판에 무단 불출석하다 체포돼 구속된 바 있다.
친 민주당 성향 유튜브 〈더탐사〉는 이 사기 전과자에게 2022년 9월 7일 용역 계약을 체결했다. 탐사 취재 전문위원으로 1년간 채용하고 매월 1000만 원 입금, 탐사 취재비 2억 원을 빌려준다는 내용이다. 사기 전과자는 탐사 취재비 2억 원을 대여하며 제3자 명의의 비상장 주식을 담보로 제공했다. 분쟁 중인 옛 〈더탐사〉 출연진에 따르면, 비상장 주식 담보 시한이 지났지만, 원금 회수도 되지 않았다고 한다.

2020년 4월 6일	김어준, '검언 유착' 허위 사실 유포
2020년 4월 6일	유시민, '검언 유착' 허위 사실 유포
2020년 4월 7일	민언련, 이동재와 한동훈을 검찰에 고발
2020년 4월 7일	민언련, '검언 유착' 허위 사실 유포
2020년 4월 8일	김어준, '검언 유착' 허위 사실 추가 유포
2020년 4월 9일	민언련, '검언 유착' 허위 사실 추가 유포
2020년 4월 10일	유시민, '검언 유착' 허위 사실 추가 유포
2020년 4월 10일	KBS, '검언 유착' 허위 사실 유포
2020년 4월 15일	제21대 총선
2020년 4월 28일	서울중앙지검, 이동재 1차 압수 수색
2020년 4월 30일	김어준, '검언 유착' 허위 사실 추가 유포
2020년 5월 15일	김어준, '검언 유착' 허위 사실 추가 유포
2020년 6월 2일	서울중앙지검, 이동재 2차 압수 수색
2020년 7월 2일	추미애, 수사 지휘권 발동(헌정 사상 두 번째), 윤석열 검찰총장 수사 지휘 정지
2020년 7월 7일	김어준, '검언 유착' 허위 사실 추가 유포
2020년 7월 7일	민언련, '검언 유착' 허위 사실 추가 유포
2020년 7월 8일	김어준, '검언 유착' 허위 사실 추가 유포
2020년 7월 17일	이동재 구속
2020년 7월 18일	KBS, '검언 유착' 허위 사실 추가 유포
2020년 8월 5일	서울중앙지검, 이동재 기소
2020년 10월 5일	MBC 장인수 기자, 사기 전과자에게 '지도 편달' 받음
2020년 11월 24일	추미애, 윤석열 검찰총장 직무 정지

여는 글

2020년 12월 1일	윤석열 검찰총장, 업무 복귀
2021년 1월 26일	최강욱, '허위 사실 유포' 기소
2021년 2월 3일	이동재 보석 허가(구속 202일 만에)
2021년 3월 27일	MBC 장인수 기자, 사기 전과자와 술을 마시며 유튜브 방송
2021년 7월 16일	이동재, 1심 무죄
2022년 3월 9일	제20대 대선, 윤석열 대통령 당선
2022년 4월 6일	서울중앙지검, 한동훈 무혐의 결정
2022년 4월 6일	사기 전과자, '허위 사실 유포' 기소
2022년 6월 9일	유시민, 한동훈에 대한 '허위 사실 유포' 1심 유죄(벌금 500만 원)
2022년 7월 22일	서울고검, MBC 재기 수사[06] 명령(이동재 명예 훼손, 업무방해)
2022년 8월 19일	서울남부지검, 이철 추가 기소(437억 원 사기, 6853억 원 방문판매업 위반)
2022년 12월 23일	서울중앙지법, '이동재 허위 사실 유포' 최강욱에 300만 원 배상 판결
2023년 1월 5일	서울남부지검, 신성식 검사장과 KBS 법조팀장 '허위 사실 유포' 기소
2023년 1월 19일	이동재, 2심 무죄
2023년 1월 26일	이동재, 무죄 확정

06 사건을 검토한 뒤 기존 수사가 미진했다고 판단될 경우 하급청에 다시 수사하라고 지시하는 것.

2023년 1월 27일   서울남부지검, 이철 추가 기소(411억 원 배임)

2023년 5월 24일   최강욱, '허위 사실 유포' 검찰 추가 송치

2023년 6월 7일   황희석, '허위 사실 유포' 검찰 송치

2023년 7월 18일   서울동부지법, '이동재 허위 사실 유포'

                        김어준에게 500만 원 배상 판결

2023년 9월 20일   김어준, '허위 사실 유포' 검찰 송치

여는 글

차례

프롤로그

스펙터클한 대한민국. 하루라도 조용한 날이 없다. 충격적인 대형 사건이 터졌다 싶으면 사건이 마무리되기도 전에 또 다른 사건이 빵빵 터진다. 그렇다고 어떤 사건이든 속 시원히 해결된 건 거의 없다. 말하자면 대형 사건은 또 다른 사건의 등장으로 앞의 사건을 덮어버리곤 했다. 그래서일까. 대중은 타인의 처지에 냉혹하리만큼 무심했다. 겉으로 드러난 결과만을 따질 뿐 사건의 이면에 대해선 감정의 촉수가 무뎠다.

그리고 그런 대형 사건 중심엔 대중의 눈에서 멀어지면 잊히게 할 수 있는, 무슨 수를 써서라도 숨길 수 있는 권력자들이 똬리를 틀고 있곤 했다.

2019년 겨울부터 2020년 1월 말까지 대한민국은 '울산시장 선거 개입 사건'으로 한바탕 시끄러웠다. 문재인 청와대가 경찰과 공공기관을 동원해 문 대통령의 30년 친구를 당선시키기 위해 울산시장 선거에 개입한 의혹을 받고 있었기 때문이다. 의혹 일부라도 사실이라면 민주주의 근간을 송두리째 뒤흔드는 대형 사건인 만큼 취재 경쟁이 치열했다. 대부분의 법조法曹(검찰·법원 취재) 기자들은 자신을 코너로 밀어붙이는 공통의 특징이 있다. 관련 보도에 소극적이던 MBC 등 일부 언론사를 제외하곤 대부분의 언론사 법조팀은 문재인 청와대의 울산시장 선거 개입 사건을 하나라도 더 취재하려 정신없이 바쁜 시간을 보냈다.

정치 권력의 전방위적 압박 속에 검찰이 기소 대상을 임종석 대통령 비서실장 등으로 더 확대하지 못하면서 울산시장 선거 개입 사건 수사는 소강상태에 접어들었다.

법조 기자라는 게 본디 일을 많이 하면 불만인데, 일이 너무 없어도 걱정이다. 입사 이래 각종 대형 사건을 취재하며 쉼 없이 일했던 나 역시 '코로나 19'로 해외 연수 일정까지 기약 없이 밀리면서 불편한 나날이 이어졌다. 떠나기 전에 기자 층이 얇은《채널A》에 힘을 실어 주는 기사 하나는 쓰고 가야 마음이 편할 것 같았다.

검찰 기자실에 앉아 인터넷 기사 검색을 하던 중 '밸류인베스트코리아(이하 VIK)'라는 유사 수신업체의 1조 원대 '투자 사기 사건'을 다룬《한국일보》기사가 내 눈에 잡혔다. 언뜻 기사를 읽어 보니 정관계 인사가 연루된 '돌려막기 사기 사건'의 더러운 냄새가 풍겼다. 연수를 앞둔 나는 '신라젠'의 대주주였던 'VIK'의 투자 사기 사건을 이렇듯 접하게 되었다. 그리고 의혹 중심에 낯익은 정치 거물이 있다는 걸 확인했다. 유시민, 그가 거기에 있었다.

S# 1. 2015년 1월, 부산대학병원에서 강연하는 유시민

유시민 대한민국 기업이 글로벌 임상을 직접 한다? 이거는 참 '놀라운 일'이라는 생각이 듭니다! 제가 7년 전에 보건복지부에 있을 때,

외국 제약사가 하는 거를 우리나라 큰 병원에 임상을 좀 유치하는 거? 그 정도가 우리가 할 수 있는 거라고 생각을 했는데, 7년 지났는데 우리나라 기업이 이거를 하고 있다는 게 많이 신기했어요. 뭐, '미국 FDA'의 승인을 받아서 글로벌 3상까지 갔다는 자체가 '효과'가 상당 부분 이미 '입증되었다는 증거'이기도 하고, 일반적으로 볼 때.

_〈2015.1. '신라젠' 기술설명회〉

2015년 1월, 경남 양산에 있는 부산대학교병원에서 대대적인 행사가 열렸다. 당시로선 무명의 제약사 '신라젠'이 자신들이 개발 중인 항암제 '펙사벡Pexa-vec'을 대중에게 소개하는 기술설명회 자리였다. 노무현 정권에서 보건복지부 장관을 지낸 유시민은 이 무명의 비상장 제약사 행사에 참석해 친히 '축사'를 하며 '극찬'했다. 신라젠 임상 시험을 두고 유시민은 본인의 장관 시절 경험까지 언급하며 "놀라운 일", "효과가 이미 상당 부분 입증되었다는 증거"라며 한껏 신라젠을 치켜세웠다.

보건복지부는 제약사의 사업 전반을 담당하는 정부 부처다. 담당 부처 전·현직 고위 관료의 발언은 누가 봐도 영향력이 지대할 수밖에 없다. 하물며 장관이었던 사람의 발언이라면 오죽할까. 국토교통부 장관 출신 인사가 변두리 아파트에 가서 "대한민국에 이런 땅이 있다? 이건 정말 '놀라운 땅'이라는 생각이 든다. 재건축 대박이 상당 부분 이미 입증되었다"라고 말하는 것과 무엇이 다른가. 보건복지부 장관 출신 유시민이 축사한 '기술설명회' 행사 전후 두 달 동안 주당 6,000원쯤 하던 신라젠 장외 주가는

26,000원을 돌파하며 4배가 훌쩍 넘게 폭등했다.[07]

신라젠은 기세를 몰아 코스닥에 상장했다. 2017년 11월에는 주당 15만 원을 돌파하며 코스닥 상장기업 시가총액 2위까지 오르는 기염을 토했다. 그러나 2019년 8월, 유시민이 "효과가 상당 부분 이미 입증되었다"라던 항암제 '펙사벡'의 임상 실패로 신라젠 주가는 끝없이 곤두박질쳤고, 소액투자자 17만 명은 수조 원대 투자 손실을 고스란히 떠안았다. 한국 주식 시장에서 10년에 한 번 나올까 말까 한 처절한 '개미 학살극'이었다. 이후 거래 정지까지 겪었던 신라젠 주식은 2023년 8월 현재, 주당 4,000~5,000원 수준을 유지하고 있다.

반도체가 '산업의 꽃'이 된 것처럼 '권력형 비리의 꽃'은 주가 조작이 차지한 세상이다. 한 번에 크고 간명하게 한탕 해먹을 수 있는 시대가 됐다. 상식적인 눈으로 바라보면 누가 봐도 구린 냄새가 풍기던 신라젠 주가 조작 사건. 전직 보건복지부 장관 출신 저명인사가 서울에서 자동차로 4시간 30분 거리인 경남 양산까지 내려와 무명 제약사를 '극찬'하는 유례없는 영상을 보고 아무런 의문을 갖지 않기란 어려웠다. MBC가 이른바 '검언 유착'이라고 떠들어대기 전까지 6개월간 대부분 주요 언론사가 신라젠 주가 조작과 유시민의 연루 의혹을 다뤘다.

내 삶에 예상치 못한 천둥과 벼락이 일시에 꽂힌 건 그즈음이었다. 신라젠 주가 조작 사건을 취재한 지 한 달여쯤 지나서.

---

07 38커뮤니케이션 비상장 주식시세표 참고.

불과 한 달여 사이에 일어났다고는 믿어지지 않을 만큼 처절한 파괴였다. 내 삶은 대책 없이 참혹했다. 평범하기 그지없던 나는 나도 모르는 새 '검언 유착'의 파렴치한이 되어 연일 언론을 뜨겁게 달구며 끝없는 나락으로 떨어졌다.

국민의 불행을 자신들의 추악한 권력을 유지하기 위한 도구로 삼으려는 자들로부터 누명을 쓰게 된 것을 알았을 땐 내 몸과 마음은 해질 대로 해져 만신창이가 되었다.

감당할 수 없는 공포가 온몸을 휘감았다. 어금니를 꽉 물며 감정을 다잡으려 했으나 소용없는 일이었다. 간단한 사실 규명만으로 매듭지을 일을 온갖 언론을 동원한 추악한 권력자들의 푸닥거리에 진실이 감춰지며 등나무처럼 현실이 배배 꼬였기 때문이다. 그도 그럴 것이 그들의 최종 타깃은 내가 아니었다.

S# 2. 검사 신성식과 KBS 기자와의 대화

신성식 구속되면 이동재가 한동훈을 안 불겠어?

안 그러면 자기만 다치는데?

구속되면 한동훈으로 타고 올라가게 될 가능성이 높아.

_〈신성식 검사장, KBS 이승철 법조팀장 공소장〉

평범한 기자가 감당할, 결코 우연일 수 없는 늪에 빠진 나는 그렇게 거짓말과의 긴 싸움을 시작해야만 했다. 재판이 시작되었다.

1 부

Why

나는 왜 감옥에 갇히게 되었나?

모든 진실은 세상에 드러나기 전에
첫 번째는 조롱거리가 되고,
두 번째는 부정되며,
마지막으로는 자명한 진리로 공인된다.

_쇼펜하우어

1

그들이 말하지
않는 것들

어긋난 시간표

　　　　　　　　　　내가 기자 생활을 시작한 것은 40개
월 간의 공군 장교 생활을 마친 2014년이다. 개국 3년 된 신생 방송
국《채널A》에 입사한 나는 기자 생활 내내 취재 부담이 가장 큰 사
회부와 정치부에서만 일했다. 정치부 정당팀 생활을 마친 2019년
1월, 검찰 관련 취재를 총괄하는 '검찰반장'으로 또다시 사회부 법
조팀에 돌아왔다.

　법조는 기자들에게 가장 취재 경쟁이 치열한 출입처다. 법조
기자들은 "몸은 망가지고 실생활에 아무런 도움이 안 되는 곳"이
라고 자조_{自嘲}하곤 한다. 겪어 보니 맞는 말이다. 법조 기자를 오래
하면 풍월로 듣는 어느 정도의 법 지식과 하나 이상 얻게 되는 지
병 외에 또 뭐가 남을까 싶다. 어쨌든 그중에서도 나는 타 언론사
검찰반장 연차의 반도 되지 않는 '소년 반장'이었다. 서초동 현장

에서 벌어지는 모든 일을 취재·지휘·종합해야 했다. 모든 게 쉽지 않았다. 당연히 스트레스도 이만저만이 아니었다.

모든 사건이 집결되는 공간인 만큼 법조에서 '단독', '특종'은 매일 매일 매겨지는 성적표였다. '취재 기계'처럼 일했다. 업무와 일상의 경계가 허물어졌다. 자정 전 귀가하는 날은 손에 꼽았다. 휴일에도, 휴가를 떠나도 취재는 이어졌다. 취재된 내용을 팀원들에게 보내 기사로 쓰게 했다. 타고난 예민한 성격 탓에 전화 한 통화라도 놓칠까 봐 항상 불안해했다. 사우나에 갈 때면 비닐에 휴대 전화를 넣은 뒤 탕 속까지 가지고 들어갔다. 박근혜 정부 당시 김기춘 대통령 비서실장이 지시한 '야간의 주간화', '휴일의 평일화', '가정의 초토화'가 내 일상이 되었다. 온몸을 일에 갈아 바친 덕분에 매일같이 '성과'를 바라던 상부엔 전임자와 비교가 안 되는 수준의 결과물을 안겨 줬다.

내가 검찰반장으로 서초동에 돌아온 2019년엔 '조국 사태' 등 고위 인사의 권력형 비리 사건이 유난히 많았다. 권력형 비리를 캐내 보도하는 건 기자로서 대단히 보람 있고 영광스러운 일이다. 그러나 열심히 일하는 것도 정도 것이지, 이렇게 쉼 없이 살다가는 과로로 요절하겠다는 공포가 엄습했다. '탈출구'를 찾던 중 회사에서 보내 주는 3개월 단기 연수 코스가 기억났다. 만 6년을 일했다. 근무 시간만 따져 보면 그 갑절은 됐고, 그보다 몇 배의 성과를 냈기에 '회사에 할 만큼 했다'라고 생각했다.

연수 국가는 일본으로 선택했다. 일본의 오늘을 연구하고 내일의 한국을 대비하고 싶었다. 연수대상자로 선정된 뒤엔 평소 관심 있던 '인구 고령화'와 '저출산' 문제 등 다양한 르포 취재를 해보고 싶어 사비로 촬영 장비를 구매했다. 타국에서 궁상맞지 않게 살아야겠다는 마음가짐으로 거처를 도쿄의 부촌 '아자부주반麻布十番'으로 정한 뒤 현지 어학원에 학비까지 완납했다. 이때까지 모든 준비는 완벽했다.

딱 그때부터였다. 정초부터 '우한 폐렴'이라는 괴질이 조금씩 퍼져 나가더니 '코로나 19'라는 이름으로 바꿔 달고 세계를 뒤덮기 시작했다. 많은 사람의 삶에 끔찍한 영향을 끼친 코로나 19는 내 인생의 항로도 바꿔놨다. 언제쯤 출국할 수 있는지 유학원에 물으면 언제나 같은 대답만 되돌아올 뿐이었다. 언제일지 모른다며 조금만 더 기다리라는.

일본은 끝내 '입국 제한' 조치에 나섰고, 내 연수 일정도 기약 없이 밀려났다. 역병으로 밀린 일정에다 보이지 않는 위험이 그렇게 나를 기다리고 있을 줄은 꿈에도 몰랐다.

'학살극'을 예견한 민주당

신라젠 주가 조작 '개미 학살극'을 오래전부터 예견했던 건 의외로 민주당이었다. 그것도 '국회 국정감사'에서 민주당 의원을 통해 '신라젠'과 'VIK'의 위험성을 지적하는 목소리가 나왔다. 유시민이 몸소 경남 양산까지 내려와서 신라젠을 극찬했던 바로 그해, 2015년 10월 국정감사에서 배재정 당시 민주당 의원의 입을 통해 향후 발생할 신라젠·VIK의 막대한 피해 문제가 적극적으로 제기됐다. 국정감사 회의록을 접한 순간 소름이 돋았다.

S# 3. 국회 국정감사장 안

배재정 위원(민주당) 이 업체는 지난해 연말 **6000원** 안팎이던 주가가, 지금 장외주식입니다. **부산대병원과의 협약**을 전후해서 큰 폭으로 상승합니다. (중략) 솔직히 **신라젠**이라는 회사에 대해서 제가 잘 알지는 못합니다마는 **걱정이 앞섭니다.** 이 회사 대주주인 **밸류인베스트코리아**가 지난 2월 금융감독원이 투자 유치를 불법적으로 했다며 검찰에 고발한 바 있고요. 6월에는 전직 직원들이 회사를 사기 혐의로 고소까지 한 일이 있습니다. 이런 것도 알고 계시지요?

_〈2015.10.6. 국회 교육문화체육관광위원회 국정감사 회의록 중에서〉

뜻밖이었다. 민주당이 신라젠 주가 조작 사건으로부터 개미 학살극을 먼저 예견하다니. 훗날 내 사건 수사에 민주당이 보인 태도를 생각하면 상상조차 할 수 없는 일이었다. 어쨌든 민주당이 일찌감치 예견했던 것처럼 서민들의 피해는 충분히 막을 수 있었던 일이었다.

사기 집단의 유시민 활용법

인터넷으로 VIK 피해자 카페와 유

튜브 등을 간단히 검색해 보니 유난히 낯익은 초로初老의 남성이 자꾸 눈에 띄었다. VIK가 '대주주'로 있던 제약사 '신라젠'을 홍보하는 영상에 유시민이 등장해 더없는 '극찬'을 하고 있었다. "이 사람이 왜 여기서 나와?" 수준의 황당함이 나를 화면에 더욱 집중하게 했다. 앞서 설명한 것처럼 유시민은 "놀라운 일", "효과가 상당 부분 입증되었다"라며 신라젠이 임상 시험하던 항암제 '펙사벡'을 매우 적극적으로 홍보했다.

항암제 '펙사벡'은 애초 신라젠이 아닌 미국 회사 '제네렉스 JENNEREX'에서 개발했던 것으로, 신라젠은 제네렉스가 후기 임상 2상 시험에 어려움을 겪던 2014년 3월에 이 회사를 인수했다. 2014년 중순, 제네렉스의 임상 시험이 실패하자 신라젠은 미국 등에서 임상 3상 시험을 진행하기로 한다. "놀라운 일", "효과가 상당 부분 입증되었다"라던 유시민의 2015년 축사와 달리, 이미 2014년 10월부터 신라젠 경영진은 "임상 실패 가능성이 크다"라고 인지했다.[08]

유시민의 축사 전후로 있었던 신라젠의 '주가 폭등'을 언급하며 민주당 의원이 "걱정이 앞선다"라며 대놓고 심각한 우려를 표명한 부분은 주목할 대목이다. "신라젠을 잘 알지 못한다"라던 민주당 의원이 보기에도 VIK의 불법 투자 유치와 사기 혐의가 수십만 명의 피해를 양산할 '신라젠 사건'의 뇌관으로 보였던 것이다.

08 신라젠, '펙사벡 임상 실패' 가능성 사전 인지(?),《이투데이》, 2019.9.2.

'내가 이런 걸 모르고 살았네.

몇 년 전부터 이미 다 예고되어 있었구만….'

인터넷을 조금 더 검색해 보니 VIK 대표 이철이라는 사람은 '노사모' 출신으로, 유시민이 창당한 '국민참여당' 경기도 의정부 지역위원장까지 역임했다는 기사가 보였다. 이철은 2011년에 '노무현 정책학교 최고정책전문가 양성과정'을 수료하기도 했는데, 이때는 문재인이 노무현재단의 이사장을 맡고 있을 때였다.

이철은 이후 유사 수신업체 VIK를 설립한 뒤 '강연회'와 '명사 초청 특강' 등의 형태로 정관계 인사들을 VIK에 불러들였다. 정관계 인사들의 명성은 VIK의 투자자 불법 모집에 고스란히 활용됐다.

민주 거물들,
'사기 집단' 행사에 출몰하다

유시민은 경남 양산의 부산대학교 병원에서 열린 '신라젠 기술설명회' 행사에만 참석한 게 아니었다. 그는 1조 원대 사기 행각이 벌어진 VIK 본사를 두 번이나 따로 찾았으며, VIK 고객과 그 자녀를 상대로 '글쓰기 특강'까지 벌이기도 했다. 그가 이철과 얼마나 가까운 사이인지는 몰라도 왜 이렇게 번번이 VIK를 찾아왔을까.

- 김창호 전 국정홍보처장
- 김현종 전 청와대 국가안보실 2차장
- 김수현 전 청와대 정책실장
- 이재정 전 통일부 장관
- 도종환 전 더불어민주당 의원

유시민뿐만 아니었다. 검색해 보니 다수의 민주·진보 계열 저명인사가 VIK 사무실을 찾아 강연했다는 기사가 수두룩했다. 거기에 유명 배우이자 민주통합당 상임고문을 지낸 문성근은 2015년 여름, 자신의 페이스북에 사기 집단 VIK의 투자를 두고 '집단지성'이라며 적극적으로 홍보하기도 했다. 이미 VIK 피해자들이 이철을 '사기' 혐의로 고소한 이후였음에도 말이다.

'민주·진보 어벤져스'급 등장인물들만큼 VIK를 둘러싼 로비 의혹 역시 세간에 무성했다. 실제로 이철은 김창호 전 국정홍보처장에게 불법 정치 자금 6억 2천만 원을 제공했고, 김 전 처장은 정치자금법 위반으로 징역 1년 6월의 실형을 선고받고 복역하기도 했다. 그렇다면 이 VIK라는 회사는 대체 어떤 회사인가. 이 역시 조금만 검색해도 다수 보도에서 어렵지 않게 확인할 수 있었다.

이 대표는 수익이 나지 않자 2011년 8월 VIK로 회사 이름을 바꾸고 투자 사기 범행을 본격화했다. (중략) 투자자들에겐 "비상장 주식에 투자해 고수익을 내주겠다"며 돈을 받은 뒤 이자를 꼬박꼬박 챙겨주며 수익이 나는 것처럼 꾸몄지만 실상은 새로운 투자금으로 돌려막

는 방식이 대부분이었다.[09]

VIK는 《한겨레》의 적자투성이 자회사 '롤링스토리'에 20억 원을 투자하고, 훗날 《한겨레》로부터 경영권을 인수해 주는 등 진보 언론과도 깊은 관계를 맺었다. 특히 VIK는 이철이 사기 혐의로 구속된 후에도 영화 '노무현입니다'의 제작사에 85억 원을 투자하기도 했다. VIK라는 투자 사기 업체의 정치적인 지향점 하나는 뚜렷했다.

2015년까지 수사에서 드러난 피해 금액만 최소 7000억 원, VIK 투자 사기 피해자는 3만 명에 달했지만, 이철은 2014년과 2015년 급여로만 매년 16억 원과 22억 원을 받아 챙긴 상황이었다. 수사와 재판이 진행되는 동안에도 매년 거액을 챙겨간 것이다. 어지간한 대기업 회장보다도 많은 연봉이었다. 이밖에도 이철은 내연녀에게 '그동안 자신에게 받았던 돈을 내놓으라'며 협박한 사건으로도 유죄를 확정받았다.

거액의 투자 사기 혐의로 재판이 진행 중인 사건, '조희팔 이래 최대 사기 사건'으로 불렸는데도 2016년 4월 6일 법원은 "도주 우려, 증거 불분명, 주거 불분명 등 보석 불허가 사유에 해당하지 않는다"라며 이철에게 '보석'을 허가했다.

'어라? 법원이 보석 결정에 이렇게 너그러운 곳이었던가?'

09 '국민참여당 출신, 금융 사기 거물 이철은 누구인가', 《한국일보》, 2020.2.6.

어쨌든 사람은 나이를 먹어도 쉽사리 변하지 않는다. 2016년, 보석 석방 3개월 만에 이철은 VIK 본사에서 투자자를 모집하는 등 예전과 비슷한 수법으로 또다시 사기 행각을 벌였다.

어떠한 정치적 고려 없이 '정상인의 사고'를 하

> ## VIK 대표 이철은 누구?
>
> · 거액의 투자 사기꾼
> · 노사모 출신
> · 유시민이 창당한 '국민참여당' 경기도 의정부 지역위원장 역임
> · '노무현 정책학교 최고정책전문가 양성과정' 수료
> · 김창호 전 국정홍보처장에게 불법 정치 자금 6억 2천만 원 제공
> · 《한겨레》의 적자투성이 자회사 '롤링 스토리'에 20억 원 투자
> · 영화 '노무현입니다'의 제작사에 85억 원 투자

는 기자라면 위와 같은 특이한 광경이 연달아 펼쳐지는 것에 의문을 갖지 않는 게 이상하지 않은가. 한번 제대로 취재해서 그 실체를 캐내야겠다는 생각으로 나는 VIK 관련 '법인 등기부'를 다운로드했다.

유시민의 덕담이
'덕담이 아닌' 이유

2020년 2월 5일, 대검찰청은 법조 기자단에게 공지 문자를 돌렸다. 윤석열 검찰총장의 지시로 대검찰청이 서울남부지방검찰청 '신라젠 주가 조작 수사팀'에 인원을 보강하도록 했다는 등의 내용이었다. 내가 VIK와 신라젠에 대해 대략적으로나마 접한 뒤 딱 일주일이 지난 후였다. 짧지만 결의에

Why: 나는 왜 감옥에 갇히게 되었나?

찬 문장에서 윤석열 총장 특유의 '확고한 수사 의지'를 읽을 수 있
었다.

'아, 이거 드디어 제대로 수사하긴 하는구나!'

정신이 번쩍 들었다. 검찰청 건물 밖으로 나와 담배 한 개비를
피우는 동안 순식간에 보도가 경쟁하듯 쏟아졌다. 벌써 《경향신
문》은 사건 수사팀에 파견되는 검사 이름까지 기사에 명시한 상
황이었다. 나는 '이렇게 속도가 빠르면 안 되는데….' 하는 속내를
감출 수 없었다. 같은 날 《한국일보》 보도에서 유시민은 2015년
양산 부산대학교병원 신라젠 기술설명회 행사 참석과 관련한 질
문에 이렇게 설명했다.

유시민 국민참여당 지역위원장이었던 분이 요청해서 뜻있는 행사
라고 생각해, 거절하지 못하고 덕담하고 돌아온 게 전부다.

이철의 부름에 거절하지 못하고 경남 양산까지 내려간 뒤 '덕
담'을 하고 왔다고 유시민이 인정한 것이다. 보건복지부 장관 출
신이 임상 시험 중인 제약사 행사에 가서 "놀라운 일", "효과가 상
당 부분 이미 입증되었다는 증거"라고 극찬하는 게 단순한 '덕담'
수준일까?

'신라젠 주가 조작 수사팀' 인원 보강의 파장은 무섭게 확대됐
다. 진중권 교수는 자신의 페이스북에 신라젠 수사 관련 기사를

올리며 "유시민 건도 슬슬 수면 위로 올라오나요?"라며 "유시민 씨에게 뭔가 이상한 낌새를 느낀 지는 꽤 오래됐다"라는 반응을 보였다. 진 교수는 "유시민이 알릴레오를 통해 주로 한 것이 윤석열 검찰의 악마화와 전통 미디어 기자를 몽땅 기레기로 만들어 언론 보도를 불신하게 만든 것"이라며 "여차하면 검찰과 거기에 유착된 언론의 음모로 몰겠다는 것"이라고 했는데, 훗날 벌어진 일을 생각하면 그의 예측은 놀랍도록 정확했다.

한편, 이 무렵 유시민의 신라젠 사건 연루 의혹을 다룬 기사는 MBC를 제외한 다수의 언론에서 '90여 개'나 쏟아져 나왔다. 많은 언론의 시선이 유시민에게로 향했다. 이때 MBC는 어땠을까?

신장식 갑자기.

김종배 왜 선거를 목전에 둔 지금 갑자기 검사 인력 보강 지시까지 내리면서 수사 강도를 높이려고 하는 것이냐, 그러니까 궁금증은 여기에 모아지는 거거든요.

_〈2020.2.6. MBC 라디오 '김종배의 시선집중'〉

MBC는 주가 조작 사건 수사 보도 대신, 라디오 〈김종배의 시선집중〉에서 "왜 하필 지금 신라젠을 수사하냐"는 식으로 정치적 의문을 제기했다. 서민들에게 수십조 원대 피해를 낸 사건이라도 선거를 앞두고 있으면 수사하지 말아야 한다는 논리인 걸까? 선거와 주가 조작 수사가 대체 무슨 관련성이 있는지 이해가 되지 않는다. 특정 정당이 신라젠 주가 조작과 연관이 있다고 MBC가 공표한 것인지도 모르겠다.

애초 예정대로라면 일본 연수 출국이 코앞이었으나 남은 기간에 권력형 비리 의혹을 밝히고 싶었다. 나는 신라젠과 VIK 피해자들을 접촉하며 본격적으로 취재에 돌입했다. VIK 피해자는 3만 명. 확인하면 할수록 그 피해가 심각했다. 직접 발로 뛰어 피해자를 찾아보니 '가사도우미', '야쿠르트 아줌마', '아파트 경비원' 등 하나같이 서민들이었다. 투자금을 날린 것은. 서민들에게 연 20퍼센트의 수익률을 약속한 뒤 후발 투자자들의 투자금으로 수익금을 지급하는 방식이었다. 저마다의 사연도 절절하고 비참했다.

'왜 이번에도 서민만 이렇게 당하나…'.

1천만 원, 2천만 원이 전 재산인 이들이 돈을 날려 목숨까지 끊었다는 사실을 알게 되었다. 상식적으로 이런 일이 어떻게 일어났으며, 그 잘난 민주 진보 거물들이 왜 VIK 사무실을 직접 찾아온 걸까. 이 모든 책임은 누가 지는 건가.

악은 가깝고 상식은 멀리 있었다. 이미 유시민 등 유명 정관계 인사 연루 의혹이 제기된 만큼, 이를 공론화해야 서민들이 피해를 본 이 사건이 관심을 받을 것으로 봤다. 다른 한편으론, 내가 연수차 출국하게 되면 경력이 없는 법조팀 후배들의 업무 부담이 커지고 부서의 결과물도 줄어들지 않을까 걱정됐다. 그땐 '나 없으면 회사가 제대로 안 돌아갈 거다'라는 생각이 가득했다. 어쨌든 이런저런 오만 가지 고민 끝에 나는 신라젠과 VIK 사건을 제대로 파헤쳐 보기로 했다.

이내 VIK의 법인 등기를 열람했다. VIK 계열사인 '밸류인베스트파트너'에 이철의 아내가 대표로 등재된 게 보였다. VIK 피해자들 몇 명을 접촉해 보니 "이철이 아내를 바지사장으로 앉혀 돈을 빼돌렸다"라고 성토하는 목소리가 높았다. 사실, 이런 종류의 업체에서 가족을 통한 횡령은 항상 일어나는 일종의 '매뉴얼'과도 같다. 취재를 위한 기초 정보를 확보한 뒤 등기부상 이철의 아내가 사는 곳을 찾아가 만나 보기로 마음먹었다. VIK 계열사 대표로 등재된 데다 횡령 의혹이 있는 인물이니 마땅히 취재해야 했다.

관련 등기에 나온 주소는 경기도 양주. 서울의 서초구 서초동 검찰 기자실에서 편도 1시간 반이 걸리는 거리였다. 등기를 보니 최근 수년간 양주 내에서 주소 변경이 몇 차례 있었다. 막상 찾아갔는데 그 집이 아니면 어떡하나를 살짝 고민하다가 '현장에 답이 있다'라는 생각으로 차를 몰고 양주로 향했다. 부질없지만 이따금 그날, 어떡하든 스스로 핑계를 만들어 양주에 가지 않았다면 현재의 내 인생은 달라지지 않았을까 하는 생각이 불현듯 들곤 했다. 얄궂게도 운명은 하필이면 그날 나를 쓸데없이 평소보다 부지런하게 만들고야 말았다.

날벼락 같이 덮친

동부간선도로의 상습 정체를 뚫고

경기도 의정부를 지나 양주에 도착했다. 고즈넉한 분위기의 양주
는 태어나 처음 와 본 낯선 동네였다. 등기부에 있는 아파트를 찾
으니 60평대 '펜트하우스'가 나왔다. 전면적인 리모델링 공사를
하고 있어 따로 집주인을 찾고 말고 할 것도 없었다. 현장 취재는
완전 허탕이었다. 당사자 이철은 감옥에 있어 만날 수 없고, 양주
아파트도 아니니 다른 방법을 찾아야 했다. 그래서 생각해 낸 방
법이 감옥에 있는 이철에게 직접 '편지'를 보내는 것이었다.

취재원과의 점심 약속이 없는 날, 서울고등검찰청 기자실에서
컵라면으로 끼니를 때운 뒤 나는 이철에게 보낼 간단한 편지 내
용을 워드 프로세서로 작성해 출력했다. 날이 춥고 일이 바빠 며
칠간 발송을 묵히다가 그나마 기온이 몇도 오른 날, 서울중앙지방
법원 1층에 있는 우체국을 찾아가 이철이 수감 중인 남부 구치소
로 첫 번째 편지를 부쳤다. 이철은 각종 범법 행위로 이미 14년 6
월의 중형이 선고된 상황이었다. 그래도 본인이 억울한 게 있다면
허심탄회하게 풀고, 피해자들에게 사과한다면 '공익'이 실현될 것
으로 기대했다. 보통 사람의 선한 시선에서 보면 정말이지 그럴
것 같았다.

편지 내용은 대중에게 모두 공개된 것처럼 간단했다.

사건이 궁금하다. 유시민 등 정관계 인물들의 연루 의혹이 사실인가.
제보해 주면 보도를 잘하고 검찰에 제보하겠다. 검찰이 수사를 확실
히 한다는데 그래도 (내가 기사를 써서) 보도하면 (이철에게) 도움이 되
지 않겠나.

이런 수준의 내용이었다. 일부 언론이 편지 내용을 악마화하여 표현했지만, 기자나 PD들이 구치소에 편지를 보내는 건 종종 이뤄지는 흔한 취재 방법이다. 특히나 교정 시설에 도착하는 모든 우편물은 개봉돼 교정 당국의 '검열' 절차를 거치기에 '이동재가 편지로 (이철을) 협박했다'라는, 나를 수사한 수사팀의 황당한 공격은 애초부터 '원시적 불능'이었다. 교도관이 한 줄 한 줄 읽어보는 편지에다 위협하는 내용을 적을 자가 세상 어디 있겠는가. 심지어 이철조차 내가 보낸 첫 번째 편지를 두고 "그냥 무시했다"라고 법정에서 증언했다.

이동재의 진짜 팩트 체크

'검언유착 의혹' 이동재 전 채널A 기자 '무죄' (경향신문 / 2021.7.16.)

법원 "편지와 만남 모두 강요미수 해당 안 돼"

"공소내용은 지나치게 불리한 확장 해석… 문언 의미에도 반해"

－1심 무죄 판결 관련

2

그거였다,
'받들어 가짜 뉴스'

메뚜기들의 향연,
키워드 '검찰'과 '총선'

VIK의 이철 대표에게 두 차례 취재 편지를 보낸 지 며칠이 지난 2020년 2월 24일, 모르는 번호로 전화가 걸려왔다.

"여보세요. 혹시 이동재 기자님이세요?"

남성의 전화였다. 그는 이철에게서 "기자님이 보낸 편지를 받아 봤다"라며 자신을 이철의 대리인처럼 소개했다. 본래 이철이라는 사람 자체가 조희팔급 다단계 금융 사기 사건의 주인공인 만큼 '초록은 동색'이라고, 처음 나는 이철이 보냈다는 대리인 역시 사기꾼 부류일 거로만 생각했다. 공영 방송 MBC가 몰래카메라를 대동해 '전과 5범'과 함께 상상조차 할 수 없는 일을 꾸밀 줄은 짐작조차 하지 못했다. 더구나 국내 '빅3 로펌'의 대표인 법무부 차관 출신 변호사와 국회의원 출신 변호사 등으로 초호화 변호인단을 꾸렸던 이철이 "기자의 편지로 인해 겁을 먹었다"면서 전과 5범의 '사기 전과자'를 대리인으로 세워 내게 접근하게 했을 줄 누가 상상이나 했겠는가.

이철의 대리인 행세를 하던 사기 전과자는 만남 당시 이름을 숨기며 자신을 이철의 '친구'라고만 소개했다. 그다음 만남에선 이철과 어떤 사이냐고 재차 묻는 내 질문에 '아주 오래된 친구'라고 대꾸했다. 훗날 재판 과정에서 이 남성은 이철과 '일면식'도 없는, 그냥 전과 5범의 사기 전과자로 드러난다. 금융·사기 범죄 처벌에 관대해 여간해선 유죄 판결받기 어렵다는 우리나라에서 전과를 다섯 개나 쌓았으니 자신의 이름이나 신분을 밝히기란 쉽지 않았을 것이다.

사기 전과자는 나와의 첫 통화 시작부터 대뜸 검찰과의 '교감'을 강조했다. 이어 다음과 같은 메시지를 보내왔다.

검찰과 어떤 사전 교감이나 약속 없이 하는 것이라면
진행이 어려울 것입니다.

사실 이때만 해도 나는 사기 전과자가 왜 이런 황당한 소리, 검찰을 엮으려 하는지 알 수 없었다. 그뿐만 아니었다. 사기 전과자는 첫 만남부터 특정한 시기, 곧 치러질 제21대 '총선'에 몹시 집착했다.

사기 전과자 '총선'이 어찌 됐든 '총선' 전에 (기사가) 나가면 문제가 되지 않을까.

나 전혀 신경을 쓰지 말고 대표님 좋을 대로 하세요. (중략)

사기 전과자 이철 대표에게 '총선' 전에 어떤 게(이동재가 궁금해하는 VIK 관련자 정보) 필요하다고 이 친구를 설득해서.

나 제가 솔직히 말씀드릴게요. 저는 정치인도 아니고 총선 이후건 이전이건 아무 관심 없습니다. 선거는 선거대로 해야죠.

_〈2020.2.25. 1차 만남〉

이상하리만치 총선에 집착한 사기 전과자의 말에 나는 줄곧 "총선, 관심 없다. 선거는 선거대로 해야 한다"라고 반응했다. 나아가 "우리한테 제보 안 해도 된다", "《한겨레》 등 타사에 제보해도 된다"라고 첫 만남에서만 9차례 반복해 답변했다. 1조 원대 사기 사건의 실체만 완전히 밝혀진다면 내가 기사 하나 더 쓰고 덜 쓰는 게 무슨 문제겠나. 그러나 사기 전과자와 허위 사실 유포 일당은 처음부터 '총선 공작' 키워드를 나에게 붙여 몰아갔다. 참고로 〈뉴스타파〉는 과거 이 사기 전과자와 협업해 나에 대해 보도를 하며 그에게 멋진 '별칭(제보자 X)'을 붙여줬다. 이철의 VIK 역시 과거 《한겨레》의 적자투성이 자회사에 20억 원을 투자하는 등 진보 언론과 인연이 깊었다. 어느 모로 보나 《채널A》에 VIK의 정관계 "로비 장부를 제보하겠다"라고 할 것이 아니라 인연이 깊은, 〈뉴스타파〉나 《한겨레》에 제보했어야 옳다. 처음부터 사기 전과자는 내가 취재차 이철에게 보낸 편지를 미끼로 다른 꿍꿍이로 접근한 것이었다.

사실 내가 이철에게 보낸 편지는 민병덕(현 민주당 의원) 변호사 사무실 소속 변호사인 이지형 변호사를 통해 사기 전과자 지 모 씨에게 전달됐다. 과거 지 모 씨의 사기미수 사건을 민병덕 변호사가 변호한 인연이 있었다. 이 편지는 사기 전과자를 통해 곧장 김어준에게 건너갔고, 김어준은 "화면이 있는 방송과 해라. 그것이 파급력이 있다. 큰 조직이 필요하다"라고 했고, 〈뉴스타파〉와 자료(나와 만나면서 녹취했던 내용들)를 공유하던 사기 전과자는 MBC 〈PD수첩〉에도 같은 자료를 넘기게 된다. 〈PD수첩〉 팀은 이 자료를 장인수 기자에게 다시 넘겼고, 이후 장인수는 나에게 몰카 등 함정 취재를 하여 보도하기 시작했다. 나는 이런 편지 전달 과정을 MBC 보도 직후, 지 모 씨의 유튜브 방송 발언들을 듣고서야 알았다. 이후 재판 과정에서 이지형과 지 모 씨의 검찰 진술 조서와 증인으로 출석한 이지형 변호사의 법정 진술로 자세히 알게 됐다.

그들의 그런 큰 공작이 있을 줄은 꿈에도 모른 채 나는 어떠한 외부적 고려 없이 '공익'만을 좇자는 생각으로 대화를 이어 나갔다.

나 저는 외국에 연수를 가요. 오래는 아니고요. 솔직히 안 쓰고 (기사) 해도 그만이에요. 놀다 가도 되는데.

사기 전과자 그 전에 '뭘' 해야 되는데…

_〈2020.2.25. 1차 만남〉

해외 연수를 가는 상황을 설명한 뒤, 나는 기사는 안 써도 그만 이라고 다시 한번 강조했다. 뜬금없이 "그 전에 '뭘' 해야 된다"라 며 말끝을 흐리던 사기 전과자는 "이철 대표도 저도 '정부'나 '애 국' 이런 건 사실 관심 없어요. 이제는 뭔가 진실을 밝히는 게…" 라며 권력형 비리 사건을 취재하는 나에게 뭔가 대단한 내용을 제보할 듯이 유혹했다. 나는 취재 기자로서 취재원이 미덥지 않았 지만, 내가 취재를 위해 이철에게 보낸 편지를 읽은 이철의 대리 인이라는 사람을 무작정 의심할 수가 없었다.

'사기 전과자'와
환상의 복식조 MBC

이철의 '아주 오래된 친구'라는 그 를 내가 다시 만난 건 총선 한 달 전인 2020년 3월 13일 서울 장 충동의 한 카페에서였다. 이번엔《채널A》법조팀 후배 기자를 대 동했다. 후배 기자와 먼저 카페 2층에 도착해 파티션이 쳐져 있는 좌석에 자리를 잡았다. 5분쯤 지나자 사기 전과자가 도착했다. 나 는 그가 마실 커피의 추가 주문을 위해 1층으로 내려갔다. 주문을 마치고 2층으로 올라오는데 어떤 젊은 남성이 우리 좌석 인근을 티가 나게 두리번거리는 모습이 보였다.

'빈자리도 많은데 쟤는 왜 저기서 저렇게 얼쩡대고 있나…'

나와 눈이 마주친 젊은 남성은 소스라치며 이내 방향을 틀었다. 당시 나는 그에게 별다른 관심을 두지는 않았다. 나중에 알고 보니 MBC의 '몰카맨'이었다. 전통 있는 '공영 방송' MBC 기자가 1조 원대 사기 집단의 편에 서서 '몰카'를 찍기 위해 사기 전과자 옆에 몰래 동행했을 거라고 어느 누가 상상이나 했을까.

나는 서민들에게 천문학적 금액의 피해를 낸 사기 사건의 진실을 파헤치고 정관계 인사들의 비리 연루 의혹을 확인하기 위해 취재에 나섰다. 나뿐만 아니라 당시 대부분 언론사의 법조 기자는 같은 의도로 신라젠 의혹을 취재하고 있었다. 진심으로 궁금한 게 MBC는 당시 무엇을 위해 취재에 나섰던 걸까. MBC 기자들은 무엇을 위해 사기 전과자 곁에 동행해 '몰카'를 찍었을까?

두 번째 만남 자리에서 이 사기 전과자는 대뜸 이철의 (정관계 로비) 장부'와 '송금 자료'가 있다며 이철이 청와대를 포함해 여야 정관계 인사 '5명'에게 자금을 건넸다는 얘기를 꺼냈다. 사기 전과자는 공익 실현을 위해 취재에 나선 나를 그렇게 자극했다.

사기 전과자 '장부'가 됐든 '**송금 자료**'가 됐든 다(공개)할 거예요. (중략) 하면 다할 거예요. 하면 다할 거고. 안 하면 안 할 거예요. (중략) 구체적으로 자금 거래에 대해 얘기를 다하겠죠.

나 장부랑 송금 파일이나 다 있다는 말씀이죠?

사기 전과자 네네.

나 인원수는 대략 어떻게?

사기 전과자 그것도 제가 범위를 말씀드리긴 어렵지만 대략 '**다섯**

명' 정도. (중략) 어차피 뭔가 자료가 건너가면 제가 아니면 누구한테도 건너가질 수 없어요. 근데 그 인원수에 대해서 하면 다할 건데요. **'다섯 명'** 정도 선으로 보면 될 거 같아요.

_〈2020.3.13. 2차 만남〉

운동도, 공부도, 남을 속이는 것도 결국엔 재능을 타고나는 모양이다. 그저 비리 의혹을 파헤치고자 하는 젊은 패기에 찬 기자는 사기 전과자의 타고난 재능에 솔깃할 수밖에 없었다. 일순간 '이렇게 권력형 비리 의혹의 진실이 드러나는 건가'하는 생각이 번쩍 들었다. 사기 전과자의 언행으로 미루어 보아 여전히 신빙성이 적잖이 의심됐으나, 자기 입으로 '장부'와 '송금 자료'를 건네겠다고 하니 나는 일단 그걸 건네받고 진위를 다시 판단하면 되는 일이라고 생각했다. 물론 사기 전과자가 언급한 장부나 송금 자료는 모두 거짓으로 드러났다. 이철은 훗날 법정에서 사기 전과자와 일면식도 없고, "장부를 언급한 적도 없다"라고 진술했다.

이성윤과 정진웅의 관심사, 그쪽 라인

사기 전과자는 나와의 대화에서 허무맹랑한 주장을 이어 갔다. 최경환 전 경제부총리와 우병우 전 민정수석, 윤대진 검사장의 친형(윤우진 전 용산세무서장)에 대해 언급했다.

사기 전과자 또 한 가지 또 말씀드릴게. (중략) 친박의 **최경환**이라는 분이 거기(신라젠)에 거액을 투자했었는데. (중략) 자금의 상당 부분도 아마 **윤대진 윤우진** 그쪽 라인으로… 건너갔다는 얘길 들었어요. 직접 들은 얘기론 수사 초기에 **우병우 라인** 쪽에서 **윤우진**을 통해서 이철 대표한테 100억을 요구했었어요. 수사 무마 조건으로.

나 이철 대표한테? 이철 대표가 100억을 윤우진한테 꽂아주면 그걸 시마이 해주겠다?

사기 전과자 그걸 **우병우** 쪽에서 먼저 제안을 한 거예요. (중략)

나 우병우가 직접요?

사기 전과자 **윤우진 그쪽 라인**을 통해서.

_〈2020.3.13. 2차 만남〉

"우병우 쪽에서 윤우진을 통해 수사 무마 조건으로 100억 원을 요구했다"니. 나는 이때부터 '이 사람이 상당히 이상한 소리를 하는구나'라고 생각했다. 청와대 민정수석 측이 민간인을 매개로 돈을 받아 수사 무마를 시도하려 했다는 공상과학영화 같은 주장에서부터 신빙성이 현저히 떨어졌다. '우병우 라인'이라고 했다가 '윤우진 그쪽 라인'이라고 했다가 말이 계속 엇갈렸다. 법조 취재 경험이 풍부한 기자들은 '우병우'와 '윤우진'을 한 그룹으로 묶는 게 얼마나 황당한 소리인 줄 잘 알 것이다. 그래도 이 남성이 말하는 '장부'나 '송금 자료'를 일단 보고 난 뒤에 다시 판단하자고 생각했다.

MBC는 훗날 이른바 '검언 유착'이라고 딱지를 붙여 수백 회 보도를 이어 가면서, "최경환 전 부총리 측이 신라젠에 65억 원을 투자했다", "제보자가 《채널A》 기자에게 최 전 부총리 의혹을 제보했지만, 《채널A》 기자는 유시민에게만 집요하게 관심을 보였다"라며 나를 공격했다.

사기 전과자와 MBC가 언급한 위 내용은 황당무계했다. 이철은 최 전 부총리 관련 허위 사실 유포 혐의로 기소되었고, 사기전과자는 윤우진 관련 허위 사실 유포 혐의로 기소됐다. 최 전 부총리의 신라젠 투자와 관련해 "유의미한 취재 결과가 나오고 있다"라며 "후속 보도를 하겠다"라던 MBC 기자들은 후속 보도는커녕 관련 재판에 출석해 "제 판단이 아니라 '회사의 판단'이었다"라고 실토했다. 검찰과 유착했다며 내게 '검언 유착'이라는 누명을 씌워놓고 정작 자신들은 '허위 보도'를 일삼았다.

법원은 최 전 부총리 명예 훼손 재판 증인 출석에 수차례 불응한 MBC 기자에게 과태료 300만 원을 부과했다. 최 전 부총리가 MBC를 상대로 제기한 민사 소송에서 법원은 MBC 기자들을 다음과 같이 강도 높게 비판했다.

보도 신빙성에 관한 객관적 자료가 전혀 없는데도
이철의 전문 진술에만 전적으로 의존해 보도했다.
보도가 상당히 경솔하다.

MBC는 총선 직전 뭐가 그리도 급해서 '상당히 경솔'한 허위 보도를 일삼은 걸까.

한편, 당시 나는 VIK와 관련해 피해자와 여러 취재원을 접촉하며 들었던, "다른 곳에서도 사건 관련 제보가 온다"라는 말을 사기 전과자에게 귀띔했다.

사기 전과자 (제보한다는 쪽이) 오＊＊쪽인가 보죠. BPU?

나 얘기 안 할게요. 무죄(VIK 사건에서) 선고받은 사람이 자기가 정치인하고 이 대표 관계를 잘 알고 있다고 이런 식으로 얘기를 넣어 왔어요.

사기 전과자 제가 이렇게 말씀드릴게요. <u>그건 아무리 파봐도 엉뚱한 거라고 보고. 제일 핵심적인 건 이 대표니까. 그거는 장담할 수 있습니다.</u>

_〈2020.3.13. 2차 만남〉

위의 대화 중 어느 부분이 나로부터 '이철이 압박을 받았다'라고 주장할 만한 데가 있는가. 그런 압박을 받았다면 내게 "우리에게 물어보지 말라"고 답변하는 게 정상이 아닌가? 오히려 "아무리 파봐도 엉뚱한 거다", "핵심적인 건 이 대표다. 장담할 수 있다"라고 얘기를 하고 있다. 사기 전과자와 나의 대화는 내내 이런 식이었다.

이성윤의 서울중앙지검과 정진웅의 형사1부는 사기 전과자 주장과 MBC의 허위 보도만 중요하게 여기고 나를 구속하고 기소하기에 이른다.

선거 때만 출고되는 불량 제품,
사기 전과자

　　　　　　　　　　　　전과 5범의 사기 전과자 지 모 씨.
일명 제보자 X.

　내가 그의 이름과 과거 이력을 알게 된 것은 2020년 4월 초쯤
이었다. 신라젠 사기 사건 취재를 한 지 한 달 조금 넘은 때였다.
그러니까 MBC가 2020년 3월 31일, 사기 전과자를 내세워 '채널
A 이동재 기자가 검찰과 유착해 살아 있는 권력의 실세들을 제거
하려 했다'라는 '검언 유착' 보도를 쏟아낸 직후였다. 당연히 허위
보도였지만, 보도가 나가는 동안 대한민국은 폭발하고 있었다.

　내가 상황이 심상치 않게 돌아간다고 감지한 것은 2020년 3월
22일 오후였다. 그날 오전에 사기 전과자와 세 번째 만났고, 직후
에 《채널A》로 한 통의 제보가 들어왔다. "MBC가 채널A 기자에게
붙어 몰카를 찍고 다닌다. 그 영상에 이동재 기자와 후배 백승우
기자가 찍혀 있다"라는 제보였다. 순간 나는 MBC의 함정이란 생
각이 들면서도 설마설마하는 마음도 있었다. 공영 방송이 몰카
까지 동원하면서 1조 원대 사기 집단을 옹호할 취재를 한다는 게
믿기지 않아서였다.

　나는 곧바로 후배 기자로부터 녹취했던 사기 전과자와의 대화
파일을 받아 밤새 풀어 확인했다. 당연히 문제 될 내용은 없었다.
아침 일찍 녹취 푼 내용을 팀장에게 전달했다. 그러고는 어찌 된
영문인지 확인하기 위해 사기 전과자에게 전화를 걸어 "한번 만
나자"라고 했으나 사기 전과자는 이를 단칼에 거절했다. 사기 전

과자는 끝내 이름도 알려 주지 않은 채 일방적으로 전화를 끊어 버렸다. 나는 그의 정체를 알기 위해 VIK 피해자들을 만나 사기 전과자의 인상착의를 설명하며 "이철 주변 인물"인지를 확인하려 했지만, 한결같이 "이철 주변에 그런 사람은 없었다"라는 반응만 확인했을 뿐이었다. 그런 그의 정체가 탄로 난 건 3월 31일 MBC 보도 다음 날부터였다. 사기 전과자 이름은 지 모 씨. 그로부터 사기당한 피해자들이 MBC 뉴스에서 그를 실루엣 처리해 내보낸 방송 모습과 음성을 확인하고 '전문 사기꾼'이라며 그의 정체와 과거 판결문 등을 대거 제보해 왔다. 이어진 《조선일보》의 단독 보도[10]를 통해 비로소 나는 그의 정체를 알 수 있었다.

물론 나는 '지 모 씨'라는 이름은 알고 있었다. 2019년 8월, 〈뉴스타파〉에서 '죄수와 검사'라는 시리즈 보도를 이어 갔는데 그때 〈뉴스타파〉는 전과자인 지 모 씨를 의인처럼 내세웠다. 그러자 지 모 씨로 인해 사기를 당했던 피해자들이 그의 정체와 사기 내역을 정리해 다수 언론사에 제보했었다. 당시 나는 관련 내용을 확인하고 '무명 좌파 매체가 사기꾼을 데려다 뻔한 짓을 한다'라고 여겨 별다른 신경을 쓰지 않았다. 그런 사기 전과자 지 모 씨가 내게 붙을 줄이야.

물론 나는 그때까지만 해도 MBC의 거짓 보도로 흠칫 당황하긴 했어도 잘 해결할 수 있을 거라 믿었다. MBC 보도가 사실이 아니었으니. 그렇지만 외부의 적보다 무서운 건 내부의 적이었다. 어

---

10 [단독] 채널A 기자에 접근했던 親與 브로커. 그는 '제보자 X'였다, 《조선일보》, 2020.4.3.

Why: 나는 왜 감옥에 갇히게 되었나?

찌 된 일인지 《채널A》는 MBC 거짓 보도에 반박 방송은 하지 않은 채 '진상 파악'을 한다며 오히려 나를 조사하기 시작했다. 억울하고 화가 났다. 세상 벼랑 끝에 홀로 서 있는 느낌이었다. 이 모든 것이 내가 죽어야만 끝날 거 같았다. 그렇지만 나는 죽을 수가 없었다. 가짜 뉴스로 대한민국 국민 모두가 나를 오해해 진실을 모른다 해도, 오해받고 있는 나만큼은 처음부터 진실을 알고 있지 않은가. 어떡하든 살아서 반드시 이 광풍을 잠재우리라.

그런 나를 일으켜 세워 준 것은 부모님이었다. 아들의 억울함에 피눈물 흘리시던 아버지와 어머니의 절규에 나는 만신창이가 된 몸뚱어리를 일으켜 세워야만 했다. 돈키호테의 말마따나 "네가 지은 크고 작은 죄 중에 가장 큰 죄가 바로 태어난 죄"라고 하면 그 죄의 굴레에서 벗어나기 위해서라도 나는 어떡하든 노력을 해야 했다.

이동재의 진짜 팩트 체크

보도 신빙성에 관한 객관적 자료가 전혀 없는데도 이철의 전문 진술에만 전적으로 의존해 보도했다. 보도가 상당히 경솔하다.

_MBC 기자에 대한 법원 판결

3

김어준이 띄우는
'제보자 X'

김어준의 지니 MBC

　　　　　　　　　　이 사건에서 특히 눈여겨볼 인물
은 김어준이다. 흔히 '직업적 음모론자', 강준만 전북대 교수 표현
을 빌리자면 '정치 무당'으로 불리는 그가 이 사건 초반부터 대단
한 비중으로 등장한다. 한국 드라마로 치면 '서브 남주' 정도는 되
는 분량이다. 김어준은 2020년 3월 31일 MBC의 '검언 유착' 보도
가 있기 한참 전부터 아주 깊숙하게 사건에 개입했다.

> **김어준** 제가 '그때 그분'한테 이것은, (중략) 화면이 있는 '방송'과 하
> 라. 그것이 훨씬 파급이 있고, 이 내용은 그게 필요하고, 그 '큰 조직'
> 이 필요한 것 같다.
> **장인수** 잘하셨습니다.
>
> _⟨2020.4.3. TBS '김어준의 뉴스공장'⟩

　　　　　　　　　　　Why: 나는 왜 감옥에 갇히게 되었나?

김어준이 사기 전과자로 짐작되는 '그때 그분'에게 정확히 지시한 내용 그대로, 공교롭게도 '화면이 있는 큰 조직'인 MBC가 등장했다. 공영 방송 MBC 기자는 사기 전과자 곁에 숨어 MBC에서 가져온 '몰카'로 사기 전과자와 내가 만나는 장면을 찍었다. 그러고는 서민들에게 1조 원대 사기를 저질러 14년 6월의 징역형이 선고된 초대형 금융 사기범을 세상에 둘도 없는 가여운 피해자처럼 묘사했다. MBC는 이철이 어떠한 죄명으로 중형을 선고받았는지 구체적인 배경 설명도 하지 않았다. 그저 억울한 일을 겪은 '밸류인베스트 대표'로만 다뤘다. 심지어 MBC는 "저희 밸류인베스트 VIK는 결단코 사기 집단이 아니다. 집단 지성의 힘으로 노력한 밸류에 상은 못 줘도 모욕을 주면 안 된다"라는 이철의 주장을 일방적으로 내보내다 VIK 피해자들로부터 거센 항의를 받았다.

MBC는 문재인 정권 들어 경찰팀의 명칭을 '인권사회팀'으로, 법조팀은 '인권사법팀'으로 바꾸었다. 입만 열면 '인권' 타령을 일삼더니 서민 피해자 3만 명의 인권보다 1조 원대 금융 사기범 한 명의 인권을 더 중시한 이유는 무엇인가. MBC의 편집은 정교하고 현란했다.

MBC 기자 이 기자(이동재)는 "유시민을 치면 검찰도 좋아할 거"라고 말하며, 취재 목적이 유 이사장에 있음을 숨기지 않았습니다. "유시민은 솔직히 개인적으로 한 번 쳤으면 좋겠어요… 유시민 치면 검찰에서도 좋아할 거예요."

_〈2020.3.31. MBC '뉴스데스크'〉

이 부분만 놓고 보면 내가 봐도 아무런 이유 없이 《채널A》 기자 이동재가 신라젠과 전혀 '무관'하고 '순결'한 유시민을 해하려는 것 같다. 그러나 이 문장 직전, 이철 VIK 대표의 대리인으로 행세하던 사기 전과자의 발언이 있는데 그것을 저들은 의도적으로 도려내 버렸다.

> **사기 전과자** 어찌 됐든 검찰도 목적이 있고, 기자님도 저희가 판단하기에도 어차피 유시민 정도는 이렇게 좀 치려고 하는 거잖아요.
>
> _〈2020.3.18. 통화〉

사기 전과자가 내게 던진 유도성 질문은 쏙 빼고, 단지 호응해 주는 내 답변 부분만 절묘하게 오려 붙였다. 앞서 서술했듯 유시민의 신라젠 연루 의혹을 다룬 기사는 MBC를 제외한 다수 언론에서 이미 6개월간 90여 개나 쏟아진 상황이었다. MBC 구성원들은 이런 배경을 전혀 몰랐던 걸까? 보도에서 배경을 설명하지 않으니 MBC 시청자들은 전체적인 사건을 알 수가 없다. '조국 수호 집회'를 설명하며 "딱 보니 100만 명"을 외치던 MBC의 그 모습 그대로였다.

MBC는 '이철 지인 A 씨'라며 제보자를 내세웠지만, 사실은 지인 A는 이철과 '일면식'도 없는 전과 5범 사기 전과자다. 이 사기 전과자의 표현에 따르면, MBC 기자는 그에게 치맥을 사 주며 밤늦게 '지도 편달'을 받거나 '작전 회의'를 하는 관계였다. '지도 편달'이라 함은 '바른길로 가도록 가르쳐 이끌며 경계하고 격려함'

이라는 의미로 일종의 사제 관계로도 볼 수 있겠다. 그래서인지 MBC는 "검찰이나 보수 언론이 추구하는 정치적 목적"을 운운하는 사기 전과자의 멘트를 검증 없이 비중 있게 내세웠다.

그러나 《조선일보》가 대중에게 공개한 나와 사기 전과자의 대화 녹취록은 달랐다. 나는 줄곧 "총선은 아무 관심 없다", "제보 안 해도 된다"라는 말을 수도 없이 반복한다.

사기 전과자가 나와의 대화를 몰래 녹음한 '녹취록'의 전문을 공개하겠다고 호언장담했던 MBC는 '기술적인 문제'를 이유로 들며 끝내 녹취록 공개를 거부했다. MBC 기자는 사기 전과자에게 지도 편달 받는 과정에서 녹취록을 제대로 읽지 않은 것이었을까? 아니면 자신들이 짜깁기한 모든 게 숨김없이 드러날까 염려됐던 것일까. MBC가 끝내 공개하지 않던 녹취록 전문은 며칠 후 《조선일보》 홈페이지를 통해 대중에게 완전히 공개됐다.

참고로, 사기 전과자는 MBC의 첫 보도 일주일 전인 2020년 3월 24일 페이스북에 "이번 주말에는 유시민 작가님한테 쐬주 한잔 사라고 할 겁니다. 왜 사야 되는지 금요일쯤은 모두가 알게 될 결요?ㅋㅋㅋㅋ"라고 썼다. 사기 전과자는 다음 날인 25일엔 "아… 유시민 작가한테는 다음 주에 쏘주 한잔 사달라고 해야겠다 … 이번 주에 마실 수 있었는데 일정이 좀 아쉽네 ㅋㅋㅋ"라고 했다. 어째서인지 사기 전과자는 공영 방송 MBC의 보도 계획을 손바닥 들여다보듯 정확하게 미리 알고 있었다. 아마도 사기 전과자가 MBC 기자를 '지도 편달'을 해 주면서 일정을 실시간으로 보고 받은 것으로 보인다. 그나저나 유시민이 이 사기 전과자에게 '쐬주' 한잔 사 줄 이유는 무엇이었는지, 정말 한잔 사 줬는지 궁금한 대목이다.

'화면이 있는 큰 조직' MBC는 전과 5범 사기 전과자를 '정의의 사도'처럼 치켜세웠고, KBS와 YTN 등도 경쟁하듯 그를 시사 프로그램에 모셨다. MBC가 대대적으로 '검언 유착 프레임'의 시동을 걸자 김어준은 다시 대중에게 좌표를 찍고 '가짜 뉴스'와 '음모론'을 전파했다. 그들의 플레이는 유기적이었다. 제21대 총선이 채 2주도 남지 않은 상황, 김어준은 밑도 끝도 없이 MBC 보도를 거론하면서 "보수 진영의 선거 공작 역사는 유구하다"라며, "유시민 이사장을 상대로 공작을 한 사건"이라고 특유의 음모론에 불을 지펴서 가짜 뉴스로 총선용 여론몰이를 선도했다.

자기 고백의 함정 '단서'

여러 사람이 함께 꾸미는 일에도 '빈틈'이 있게 마련이다. 권언 유착 사건의 '빈틈'은 김어준이었다. 멋대로 떠들던 김어준은 이 사건이 어떻게 설계됐는지 알 수 있는 주요 '단서'를 흘렸다.

김어준 이 사건을 처음 제보받은 것을 이야기가 나왔으니 할 수 없이 밝히자면, **정확하게 2월 22일**입니다. 《채널A》 기자가 수감된 신라젠 이철 전 대표에게 편지를 쓴 게 **2월 17일이에요. 5일 만에 제가 편지를 '입수'하게 됐습니다.**

⟨2020.4.6. TBS '김어준의 뉴스공장'⟩

이철은 내가 보낸 1차 편지를 2020년 2월 17일, 2차 편지를 2월 20일 구치소에서 수신했다. 코로나 19로 인해 구치소 접견이 엄격히 제한되던 상황이었던 터라 편지를 보내는 것 외엔 취재할 방법이 없었다. 나는 취재 과정에서 이철을 한 번도 대면한 일이 없다. 이철은 검찰과 법원에서 "2월 21일 오후 변호인 접견 후 1·2차 편지를 한 번에 아내에게 '등기'로 발송해 외부에 전달했다"라고 일관되게 진술했다. 이철의 아내가 이지형 변호사[11]에게 편지를 전달했고, 이 편지가 다시 사기 전과자에게 넘어가는 구조였다. 이철은 구치소 접견 중 이지형에게 편지에다 '형광펜'으로 줄을 쳐가며 설명했다.

2020년 2월 21일은 금요일이다. 일반적으로 모든 교정 시설은 금요일 오후엔 편지를 수거하지 않는다. 이 대목은 박범계가 법무부 장관이던 시절, 내가 직접 법무부에 민원을 제기해 확인 답변까지 받았다. 금요일 오후에 우편을 수거하지 않음에 따라 이철의 경우, 편지는 다음 주 월요일 오전에 발송할 수 있었다. 아무리 빨라도 화요일인 2월 25일에야 외부에 도달했을 터였다. 그런데 김어준은 외부 도달일보다 최소 사흘 빠른 '2월 22일'에 편지를 '입

---

11 민병덕(현 민주당 의원) 변호사 사무실 소속 변호사.

수'했다. 단순히 내용을 접한 게 아니라 '입수'다. 헷갈릴 수도 없다. 김어준은 또 다른 방송에서도 정확히 2월 22일에 편지를 받았다며 전리품을 일찍 획득했다는 듯이 떠벌리며 자랑했다.

일	월	화	수	목	금	토
2.16	2.17	2.18	2.19	2.20	2.21	2.22
	이철, 1차편지수신		사기 전과자, 편지 입수	이철, 2차편지수신		김어준, 편지 입수
2.23	2.24	2.25	2.26	2.27	2.28	2.29
		1·2차 편지 외부도착가능				

이철은 법정 진술과 검찰 조사에서 나에게서 받은 "1차 편지는 황당해서 그냥 무시했다. 에피소드로 생각하고 넘어갔다"라고 거듭 진술했다. "그냥 무시했다"라는 그 편지는 구치소에서 반출조차 불가능했던 날짜에 곧바로 김어준의 손에 도착했다. 김어준은 선거 관련해 아무런 언급조차 없는 1차 편지를 두고 '선거 공작'이라고 결론지으며, '그때 그분'이란 사람에게 "화면이 있는 방송과 하라"라고 지시했다. '그때 그분'으로 짐작되는 사기 전과자 역시 검찰 조사에서 "2월 19일 또는 20일경 편지를 (이철 변호인으로부터) '캡처 사진'으로 받았다"라고 밝혔다.

이철은 아내 외 타인에게 편지 정본이나 사본을 보낸 적이 없다고 진술했다. 그러니 다른 합법적인 반출 루트는 없다. 여러 사람이 작당을 하려면 서로 손발이 척척 맞아야 한다. 이들은 무엇 때문에 시작부터 서로 앞뒤가 안 맞는 진술을 했을까. 이들의 진술은 검찰 조사 내내 상당 부분 배치됐다. 그렇지만 이들의 검찰 신문 조서를 보면, 수사 검사가 거짓말을 지적하기는커녕 엇갈리는 날짜를 직접 조율해 주는 장면마저 나온다. 수사의 시작, 사건의 구조를 파악할 수 있는 가장 기초적인 부분부터 이런 식으로 진행됐다. 물론 수사팀은 사건 초반부터 개입한 정황이 명백히 드러난 김어준 역시 단 한 번을 소환 조사하지 않았다.

한편, MBC의 '검언 유착' 몰이는 장인수라는 40대 후반의 중견 기자가 주도했다. 사기 전과자는 유튜브 방송에 출연해 "초창기부터 〈뉴스타파〉와 자료를 공유하다 〈뉴스타파〉가 다른 보도로 여유가 없어 MBC 〈PD수첩〉에 자료를 건네줬고, 〈PD수첩〉이 다시 장인수에게 넘겼다"라고 설명했다. 그렇게 사기 전과자로부터 자료를 건네받은 장 씨는 2020년 4월 3일, TBS 〈김어준의 뉴스공장〉에 출연해 다음과 같이 발언했다.

장인수 (제보자가 떠난 뒤) 채널A 기자 한 명이 "야, 확인해 봐. 녹음 잘됐어?" 그러니까 한 명이 꺼내서 들어보고 "아, 예. 녹음 잘됐습니다." (중략)

김어준 그걸 또 MBC는 뒤에서 또 녹음하고.

장인수 MBC는 따로 녹음하지 않았습니다. 멀리 떨어져 있어서 지켜보기만 했습니다. 사실을 확인해야 되니까.

김어준 그래요. 지켜봤다고 할게요. 이런 거 나 절대 기자 믿지 않아요. 지켜보기만 했다는 거. 기자들은 어딘가에 (녹음기) 차고 있다고 생각하시면 됩니다.

장인수 그런데 저희가 차고 있어도 <u>녹음을 할 수가 없어요</u>. 제보자를 해야 되는 거고.

김어준 알겠습니다. 그러니까 알았어요. <u>당황하지 마시고</u>.

　장인수는 김어준에게 사기 전과자와 내가 만난 것을 "녹음하지 않았다"라며 거듭 믿어 달라고 했으나 사기 전과자가 떠난 후 그는 방송에서 나와 함께했던 후배 기자가 뭐라고 말했는지를 정확하게 얘기했다. 사기 전과자를 만날 당시 나는 카페 가장 안쪽 파티션이 있는 곳에 자리하고 있었다. 밖에선 나와 후배가 뭐라고 말하는지 보이지도 않고, 여간 큰 소리가 아니고선 밖으로 음성이 새어나가지도 않는 구조였다.

　녹음을 안 했는데 어떻게 그림처럼 정확하게 장면에 대해서 묘사할 수 있을까. 신내림이라도 받은 건지 의심했는데 알고 보니 그건 아니었다. 의문은 2020년 6월 27일 《조선일보》 보도를 통해 완전히 풀렸다.[12] 장인수는 2020년 3월 13일 내부 시스템에 취재 계획을 올리며 '제보자 만나 몰카 및 몰래 녹음'이라고 보고했다. 3월 22일에는 '명함 몰카와 녹음기를 챙겨달라', '시청 광장에서 제보자를 만나 함께 이동한다'라는 취재 보고를 올렸다. 몰카가 한 번이 아니라 드러난 것만 두 번이었다.

　공교롭게도 MBC가 명함 몰카와 녹음기를 챙겨 사기 전과자와 함께 이동해 나를 만나러 온 날인 3월 22일, 열린민주당 총선 후

12　MBC 몰카가 따라다녔다, 채널A 기자·제보자X 만날 때마다…, 《조선일보》. 2020.6.27.

보였던 최강욱과 황희석은 페이스북에 "이제 둘이서 작전에 늘어갑니다"라는 사진을 올렸다. 사기 전과자는 뜬금없이 이 사진을 공유하며 "부숴봅시다! 윤석열 개검들! ㅋㅋㅋ"라고 썼다. 총선 직전 어떤 '작전'에 들어갔던 걸까. 어쨌든 '작전'에 들어간 최강욱과 황희석 두 사람은 나에 대한 허위 사실을 유포해 명예를 훼손한 혐의로 기소됐고 검찰에 추가 송치됐다. 나는 이들에게 어떤 '작전'으로 나에 대한 허위 사실을 유포했는지 끝까지 책임을 물을 것이다.

한편,《조선일보》보도로 MBC가 사기 전과자 옆에 숨어 '몰카'를 찍었음이 완벽하게 드러나자, 김어준에게 "멀리서 지켜보기만 했다"라고 호소하며 사기 전과자와 나의 대화를 촬영 없이 그냥 바라보기만 했던 것처럼 묘사했던 장인수의 발언이 슬그머니 바뀌었다.

김민호 아, 장인수 기자의 영상 취재 의뢰서가 유출이 된 거예요?
장인수 그렇죠. 그래 가지고 제가 찾아봤어요. 그랬더니 이 조선일보 보도의 글자 하나까지 정확하게 맞더라고요. (중략) '몰카'로 취재했다고 문제를 삼는데. 아니 그럼 어떻게 하란 얘기죠. 이동재 기자한테 "우리 이제부터 취재할 거니까. MBC 기자인데 하시던 거 계속하세요. 저희 촬영할 테니까" 이러고 취재해야 된다는 건지.

_〈[LIVE] MBC '뉴스프리데스크' 중 발췌, 2020.7.1.〉

MBC는 검찰에 몰카 영상을 제출하지 않았다. 31년 만에 2박

3일간 《채널A》에 들이닥쳐 언론사를 압수 수색하던 문재인 정권의 이성윤 검찰은 당시의 MBC에 대해선 강제 수사를 하지 않았다. 현행 '통신비밀보호법'은 타인 간의 대화를 허락 없이 녹음하는 것을 금하고 있다. 장인수는 본인 입으로 "조선일보 보도의 글자 하나까지 정확하게 (영상 취재 의뢰서와) 맞더라"라고 사실 관계를 인정했다. 서울중앙지검은 MBC의 통신비밀보호법 위반 혐의도 여전히 수사 중이다. 당당하다면 MBC가 '몰카 원본 영상'을 검찰에 제출하면 된다.

이동재의 진짜 팩트 체크

法 "김어준, 검언 유착 부각 위해 '채널A 사건' 의도적 왜곡"
(중앙일보 / 2023.7.27.)

法 "김어준, 이동재 공격 위해 의도적 내용 왜곡"

"김어준, 관련 사정 충분히 알았거나 알 수 있었다"

"김어준, 검사와 기자 공모한 것처럼 내용 왜곡"

4

끼리끼리
연대기

가짜 뉴스 창조자, 최강욱

2020년 4월 3일, 최강욱은 페이스북에 다음과 같은 글을 올렸다.

녹취록상 채널A 이동재 기자 발언

이 대표님, 사실이 아니라도 좋다.

당신 살려면 유시민에게 돈을 주었다고 해라. 그러면 그것으로 끝이다.

그다음은 우리가 알아서 한다.

우리 방송(채널A)에 특종으로 띄우면

모든 신문과 방송이 따라서 쓰고 온 나라가 발칵 뒤집어진다.

유시민이라는 사람은 적도 많은데,

거봐라, 위선적 인간이 많이 설쳤네 라며 온갖 욕을 먹을 거고 유시민의 인생은 종치는 것이다.

문 대통령의 지지율이 끝없이 추락하고 다음 정권은 미래통합당이 잡게 된다.

눈 딱 감고 유시민에게 돈을 건네 줬다고 한 마디만 해라.

그다음은 우리가 준비한 시나리오대로 하시면 된다.

검찰에 (유시민을)고소할 사람은 우리가 미리 준비해 뒀다.

우리는 지체 없이 유시민의 집과 가족을 털고 이사장을 맡고 있는 노무현재단도 압수 수색한다.

이 대표님, 잘 생각해 봐요.

당신의 한 마디에 검찰도 좋고 귀하에게도 좋은 결과가 있지만, 만약 협조하지 않으면 어떻게 될지는 잘 아실 것이다.

연세도 많은데 10년 넘게 감옥에서 사시면 되겠는가?

추가 고소도 있던데 2년 6개월은 확실하다.

우리는 세게도 할 수도 있고 기소 안 할 수도 있다.

이 대표님에게 우리는 기회를 주는 것이다.

남은 인생 편하게 살려면 어떻게 해야 할지 잘 판단하실 줄 믿는다.

....

더 이상 무슨 말이 더 필요할까요?

검찰과 언론의 총선기획, 이게 바로 쿠데타입니다.

_〈최강욱 페이스북〉 2020.4.3.

뜬금없이, 어느 날 갑자기 자신이 하지도 않은 말을 했다며 누명을 뒤집어쓰고 '인격 살인'을 당한다면? 대한민국 성인 대부분이 그 거짓을 사실로 믿게 된다면? 정권 최고위급 권력사들과 유명 음모론자 그리고 거대 언론이 허위 사실 유포를 주도해 프레임을 만들고 1년 넘게 누명을 씌워 '집단 린치'를 가한다면 어떻게 될까. 대명천지 요즘 세상에 이런 엽기적인 일이 어떻게 있을까 싶은데, 실제로 이 일이 내게 일어났다. 그들이 비난하는 독재 시대 때도 없었던 일을, 2020년에 그들이 버젓이 저질렀다.

제21대 총선 2주 전인 2020년 3월 31일, MBC가 이른바 '검언 유착' 보도를 대대적으로 시작하며 포문을 열었다. MBC 보도가 끝나자마자 당시 비례 정당이던 '열린민주당'의 총선 후보 최강욱과 황희석은 유튜브 '정봉주TV'에 출연해 다음과 같이 이야기한다.

최강욱 협박에서 벗어나려면 우리한테 협조해라. 협조를 해야 할 내용은 유시민 이사장, 그다음에 문재인 정부 청와대 인사들에게 돈을 줬다고 얘기해라. (중략)

황희석 유시민 작가, 기타 문재인 정부의 중요 인물들에게 돈을 줬다라는 진술을 해 달라. 그렇지 않으면 당신이나 당신 가족에 대한 수사 뭐 기타 등등이 가해질 것이다.

정봉주 예. 다시 재수사가 들어갈 것이다.

황희석 예. 겁박을 하면서 '허위 진술을 해 달라'라고 요구를 했고요. (중략)

최강욱 저희들은 다 계획이 있습니다.

_〈2020.3.31. 유튜브 '정봉주TV'〉

"이동재가 1조 원대 사기 사건의 주범인 이철에게 '유시민과 문재인 정권 청와대 인사들에게 돈을 줬다고 얘기해라. 그렇지 않으면 당신과 가족에게 수사가 가해질 것이다'라고 협박했다"라는 거짓 주장이었다. 이것만으로도 부족했는지 "허위 진술을 해달라"고 요구했다는 허위 사실을 추가 유포했다. 모두 새빨간 거짓이었다. 내가 이철에게 보낸 편지와 그 대리인이라던 사기 전과자와의 녹취록 그 어떤 부분에도 위와 같은 내용은 물론 유사한 문구가 없었다.[13] 그러나 그들은 이미 거침이 없었다. 코앞으로 다가온 총선 앞에서 진실 따위는 아랑곳하지 않았다. 국회의원 배지가 눈앞에 아른거렸을 것이다. 최강욱과 황희석의 열린민주당은 MBC 보도 직후 미리 준비해 둔 '성명서'까지 내며 나를 공격했다. 법무부 장관이던 추미애도 이 판에서 뭐라도 한마디 해야겠다 싶었는지 이튿날 아침 KBS 라디오에 출연해 "심각하게 보고 있다. 감찰 등 여러 방식으로 조사할 필요가 있다"라며 거들고 나섰다.

총선 정국에서 MBC 보도가 생각만큼의 호응을 얻지 못했다고 판단했는지, 최강욱은 2020년 4월 3일 자신의 페이스북에 〈채널A 이동재 기자 발언 요지〉라며 "사실이 아니라도 좋다. 유시민에게 돈 줬다고 해라"라는 장문의 허위 게시글을 올렸다. 수천만 명이 접한 그 유명한 '가짜 뉴스'를 최강욱은 애초 〈채널A 이동재 기자 발언〉이라는 제목으로 글을 올렸으나, 몇 시간 후 제목에 '요지'

---

13 최강욱과 황희석은 이 방송에서 유포한 허위 사실로 2023년 5월에야 검찰에 송치됨.

Why: 나는 왜 감옥에 갇히게 되었나?

라는 글자를 추가해 글을 수정했다. '요지'라는 두 글사를 추가하면 혹시 모를 소송에 대비할 수 있다고 생각했던 모양이다. 그러나 '요지'라는 단어의 사전적 의미 역시 "말이나 글 따위에서 핵심이 되는 중요한 내용"을 의미하는 만큼 최강욱의 게시글은 한 글자 한 글자가 너무도 악의적이고 엽기적인 거짓으로 인격 살인이었다.

최강욱은 게시글 말미에 "검찰과 언론의 총선기획, 이게 바로 쿠데타입니다"라고 적으며 대중을 확실하게 선동했다. 최강욱은 2019년 '조국 수사' 당시부터 검찰과 언론을 맹비난했는데, 조국 수사를 지휘한 한동훈과 조국 일가의 파렴치 비리를 여러 번 단독 보도했던 나를 향해 맹폭을 퍼부었다. 최강욱의 논리대로라면 그쪽 진영, 즉 그들을 취재하면 쿠데타가 되는 것이다.

최강욱이 누군가. 문재인 정권 청와대 공직기강비서관 출신으로, KBS에서 〈최강욱의 최강시사〉라는 라디오 프로그램까지 진행하던 사람이었다. 이런 사람이 총선 직전 가짜 뉴스를 유포해대니 그 파급력은 실로 대단했다. '완벽한 허위'였지만 엽기적인 이 내용은 총선 바람을 타고 끝도 없이 재생산돼 퍼져나갔다. 최강욱, 김어준, 유시민과 민언련 등을 필두로 각종 유사 언론과 생계형 음모론자 등을 통해 수천만 명에게 확대 재생산됐다.

'공영 방송'도 참전했다. KBS는 간판 뉴스인 〈뉴스9〉 정연욱 앵커가 직접 허위 사실을 유포했다. 김어준의 TBS는 아예 대놓고 선수가 되어 뛰었다. 가늠이 어려울 정도로 거대한 무리에게서 나는 '집단 린치'를 당했고, 여론몰이 광풍 속에 누명을 쓰고 구속까지 됐다. 19세기 말 프랑스의 반유대주의 광풍 속에 드레퓌스 대위가 겪던 일이 120년도 더 지나 내게 똑같이 일어났다. 정치적 목표를 장착한 그들은 상상조차 할 수 없이 잔인했다.

"사실이 아니라도 좋다"는 건 기자를 완전히 파멸시키는 글이다. 피해는 상상 이상으로 심각했다. '유튜브'에서만 위 내용을 언급한 콘텐츠의 조회 수가 수천만 회를 훌쩍 넘겼다. 인터넷 커뮤니티와 포털 댓글 피해 규모는 측정 불가능한 수준이었다. 반면 최강욱은 허위 사실 유포와 선거 홍보를 결합하는 새로운 홍보 방식을 창조해 비례대표 국회의원에 당선됐다. 그로부터 3년 반이 지난 2023년 9월까지 최강욱은 나에 대한 명예 훼손 사건을 비롯해 조국 아들 허위 인턴 증명서 발급(1·2심 징역 8월 집행 유예 2년) 등 3개의 형사 재판을 받는 상황에서도 버젓이 국회 법사위원으로 활동했다. 조국의 경우 자녀 입시 비리와 관련해 허위 작성 공문서 행사, 업무 방해, 위계 공무 집행 방해 등의 혐의로 기소돼 1심에서 징역 2년을 선고받았고, 그의 아내 정경심은 대법원에서 징역 4년을 확정받고 복역하다 2023년 9월 27일 가석방됐다.

최강욱은 물론 그가 소속된 더불어민주당은 내가 모든 재판에서 무죄를 받았는데도 사과 한 번을 한 적이 없다. 여전히 나와 관련된 기사엔 최강욱이 창조한 엽기적인 허위 내용에 댓글이 달린다. 세뇌의 힘은 이렇게 강력하다.

'가짜 뉴스' 열사들이 사는 법

역시 김어준은 이 사건 내내 존재
감이 넘쳤다. 앞서 설명했듯 MBC 보도 전부터 깊숙이 관여했던
김어준은 끊임없이 가짜 뉴스를 유포하며 사건에 드라이브를 걸
었다. 김어준은 총선 직전이던 2020년 4월 초부터 1년 넘게 TBS
〈김어준 뉴스공장〉과 자신의 유튜브 〈딴지방송국〉 등에서 최강
욱과 똑같은 허위 사실을 말했다. 그러면서 "이것은 정치 공작"
이라며 특유의 '음모론'을 설파했다. 그가 외쳐대던 가짜 뉴스 횟
수를 하나씩 따져 보니 총 10회가 넘었다.

김어준 보수 진영의 선거 작업의 역사, 선거 공작의 역사는 유구합니
다. 너무나 많아서 일일이 거론할 수도 없을 지경인데, 가장 최근의 사
건을 제가 예를 들어볼게요. 기억이 번쩍 나게. 채널A 사건 있죠. 유시
민 이사장을 상대로 공작을 한 사건이죠. 이것은 공작입니다. (중략)
공개된 녹취록 보면 그런 내용이 있죠. 안심하니까 아무 말이나 막
하는 거야. 하고 싶은 대로. 채널A 기자가 '사실이 아니어도 좋다. 유
시민에게 돈을 줬다고만 해라. 그다음은 우리가 알아서 한다.' 사실을
밝히고자 하는 게 아니에요. 만들어 내고자 하는 거지 공작은. 채널A
가 보도하면 모든 신문 방송이 따라 할 것이고, 문 대통령 지지율은
끝없이 추락할 것이고. 다음 정권은 미래통합당이 잡게 된다. 기자가
한 말입니다. 눈 딱 감고 유시민에게 돈을 줬다고 해라. 우리가 준비
한 시나리오대로 하면 된다. 검찰에 고소할 사람은 준비해 뒀고, 지체
없이 유시민 집과 가족을 털고 노무현재단을 압수 수색한다. 이게 이

편지를 입수한 2월 22일 날, 제가 여기서 보도했다면 이후에 이어지지 않았을 내용입니다. 그런데 이제는 적나라하게 그 과정과 속성이 녹취록으로 녹취로 담긴 거잖아요.

_ 〈2020.4.6. TBS '김어준 뉴스공장'〉

'음모'와 '괴담'을 좋아하는 김어준, 그 한 명이 퍼뜨린 허위 내용은 유튜브에서만 조회 수 1천만 회를 훌쩍 넘어섰다. 공중파 라디오 프로그램인 TBS 〈김어준 뉴스공장〉은 2020년 2분기 청취율 14.7퍼센트로 라디오 '종합 1위'였다. 공중파와 유튜브에서 이 짓을 반복해댔으니 그 피해 규모가 가늠조차 되지 않는 수준이다. 새빨간 허위 사실이었음이 만천하에 드러나고 최강욱이 검찰에 피소된 이후에도 김어준은 아랑곳하지 않았다. 늘 하던 대로 가짜 뉴스를 '공장'처럼 반복해 생산했다. 본인은 '대국민 선동·조작 면허증'이라도 보유한 초법적 존재라고 생각했던 걸까.

특히 김어준은 이성윤 검찰이 내게 구속 영장을 청구하기 직전인 2020년 7월 초, 나에 대한 허위 사실을 집중적으로 유포하며 윤석열과 한동훈 공격에 팔을 걷어붙였다. 한동훈과 윤석열을 제거할 절호의 기회로 판단했을 것이고, 효과 만점의 '가짜 뉴스'를 총선 기간에만 써먹고 놔두기에는 아까웠을 것이다.

김어준 피의자인 채널A 이 모 기자가 검찰총장이 결정하는 '검찰 수사 자문단' 소집을 요구했는데, 그걸 받아줬거든요, 전례가 없는 일입니다. 채널A 이 모 기자가 이철 전 대표에게 돈을 줬다고만 해라, 유

Why: 나는 왜 감옥에 갇히게 되었나?

시민 이사장에게. 나머진 다 알아서 한다. 검찰과 얘기가 돼 있나. 안 그러면 가족도 다친다. 이게 사건이에요.

_〈2020.7.7. TBS '김어준 뉴스공장'〉

문재인 정권 수사팀의 편향 수사에 지친 나는 법률 전문가들로부터 수사 평가를 받아 보는 '전문 수사 자문단' 소집을 요청했는데 김어준이 여기에 가짜 뉴스를 묶어 유포하며 훼방을 놓았다. 결국, 추미애의 개입으로 나의 수사 자문단 소집 요청은 무산됐다. 내가 구속된 직후 대검찰청에서 개최된 '검찰 수사심의위원회' 당시엔 김어준과 완전히 똑같은 내용을 주장해대던 심의위원도 있었다. 그러니 일반 국민은 오죽했겠는가. 김어준은 공중파 라디오 TBS를 이용해 국민에게 가짜 뉴스를 반복 세뇌했고, 이번에도 여론 조성에 성공했다.

허위 사실임이 뒤늦게 드러난 이후엔 어떻게 됐을까. 간단하다. 늘 그렇듯 "아니면 말고"로 대처하면 된다. 내가 1심 재판부터 전부 무죄를 선고받자 김어준은 아예 사건이 존재하지 않았다는 듯 이 사건 언급 자체를 하지 않았다. 내게 명예 훼손 혐의로 피소된 김어준은 경찰 조사에서 "고소당한 뒤 최강욱의 게시물이 (사실과) 일치하지 않는 것을 알았다"라는 취지로 최강욱에게 책임을 미뤘다. 역시 그다운 수준의 대응이었다.

1990년대 말, 〈딴지일보〉를 창간하며 기성 언론을 비난하던 모습은 사라진 지 오래다. 오직 진영 논리와 음모론만이 그를 휘감고 있다. 이제 사회의 평균적인 대중이 '김어준' 이름을 들으면 대선 부정선거설, 세월호 고의 침몰설, 오세훈 생태탕 연루설 같은 음모론이나 "냄새가 난다"라는 밑도 끝도 없는 표현이 먼저 떠오를 것이다. 그는 2022년 대선에서 더불어민주당이 패배하자 아예 '여론조사 업체'를 개업했다. 그는 이렇듯 수단과 방법을 가리지 않고 항상 최선을 다한다.

환갑이 넘어도 한결같은
유시민의 착각

1984년, 서울대 학생회 간부들은 애먼 민간인 4명을 감금한 뒤 '프락치'로 몰아 자백을 강요하며 폭행한다. 물이 담긴 세면대에 머리를 처박거나 바닥에 눕힌 뒤 주전자로 얼굴에 물을 부으며 고문했다. 일명 '서울대 프락치 사건'으로 불리는 '서울대 민간인 고문 사건'이다. 이 건으로 서울대생 유시민은 가해자로 실형을 살았지만 졸지에 민주 투사로 둔갑해 명성을 얻었다. 당시 프락치로 몰려 사냥당한 피해자들의 인생은 완전히 망가졌다. 이들은 제대로 된 사과도 받지 못했다. 정신분열증에 시달리는 이도 있다고 한다.

유시민은 한 방송에서 합수부에 끌려가 썼던 '진술서'를 언급하며 "그때 내가 글을 잘 쓴다는 걸 알았다"라고 회고하기도 했다. 심재철 전 의원은 "유시민의 90쪽 분량 상세한 자백진술서는 민주화 운동 인사 77명을 겨눈 칼이 됐고, 그중 3명은 '김대중 내란음모 사건' 피의자에 포함되는 등 검찰의 핵심 증거로 활용됐다"라고 주장했다.

36년이 지난 2020년 4월, 유시민은 본인을 거듭 '피해자'라고 하면서 자못 억울한 표정까지 지어 보이며 대대적으로 나에 대한 허위 사실을 유포했다. 유시민은 최강욱이 물꼬를 트자마자 유튜브 〈유시민의 알릴레오〉에서 나에 대한 가짜 뉴스를 수도꼭지를 튼 것처럼 전파했다. 그 방송분 조회 수는 200만 회에 달했다. 남에게 누명을 씌워가면서 명성을 얻고 돈을 벌어대는 그 기분은 어떨까. 세상이 쉬워 보일 것이다.

> **유시민** 이 사건 '핵심'은 아까 인용한 말이 아니고 사실이 아니어도 괜찮다. 돈 줬다고만 말해라. 그다음부터는 우리가 알아서 다해 줄게. 우리 신문이 보도하면 모든 언론이 보도하고, 대한민국이 발칵 뒤집어지고, 유시민 본인뿐만 아니라 뭐 가족까지 탈탈 털고, 포토라인 세우고, 그러면 총선에서 아주 집권당 망하고, 그다음에 뭐 통합당이 정권 교체하고. 이 시나리오를 주면서 너가 협조해야지 살 수 있다고 얘기를 한 거잖아요.
>
> _〈2020.4.10. '유시민의 알릴레오'〉

유시민은 나에 대한 허위 사실을 유포하며 "이 사건의 '핵심'"이라고 강조했다. 본인이 '핵심'이라고 떠들던 게 모조리 가짜였는데, 역시 그답게 어떠한 사과도 정정도 없다. 3년이 훨씬 지난 지금껏 여전히 '노무현재단' 유튜브 채널엔 해당 영상이 게시돼 있다. 역시 민주·진보를 자칭하는 자들은 다 같이 어디 가서 '허위 선동

면허증'이라도 따고 온 걸까. 아니면 자신들은 평범한 국민의 인생 정도는 망가뜨려도 상관없는 '천룡'이라도 된다고 믿는 걸까?

특히 유시민은 나를 두고 MBC 〈뉴스데스크〉와의 인터뷰에서 "괴물의 모습"이라고 맹비난했는데, 신라젠 사건 연루 의혹으로 6개월간 90여 건의 보도에서 언급되던 자신을 흡사 피해자처럼 자연스레 변신시켰다. 서민들에게 수조 원대 피해를 안긴 권력형 비리 의혹을 취재하던 기자가 괴물인가, 아니면 주가 조작에 휘말릴 무명 제약사 행사에 등장해 "이것은 놀라운 일"이라고 '극찬'한 뒤 기자에 대한 가짜 뉴스를 유포해 국민을 선동하는 자가 괴물인가. 그는 애꿎은 사람 누명 씌워 때려잡던 '프락치 사건' 때와 한 치도 변한 게 없었다.

유시민은 열린우리당 의원 시절이던 2004년 중앙대학교 특강에서 "30~40대에 훌륭한 인격체였을지라도, 20년이 지나면 뇌세포가 변해 전혀 다른 인격체가 된다. 제 개인적 원칙은 60대가 되면 가능한 한 책임 있는 자리에 가지 않고, 65세부터는 절대 가지 않겠다는 것"이라고 노인 비하 발언을 해 심각한 논란이 된 바 있다.

이 사건에 발언을 접목해보건대, 수십 년이 지나도 유시민이라는 사람의 인격은 변치 않고 한결같았다. 이른바 '대안적 사실'을 제작해 현실에 등록한 뒤 '새로운 사실'로 만드는 재주는 전혀 녹슬지 않았다. 그의 '뇌썩' 발언에도 완전한 예외가 존재했던 모양이다.

물론 여기서 끝나면 그가 아니다. 유시민은 같은 시기 또 다른 허위 사실을 유포해 한동훈 검사장의 명예를 훼손한 혐의로 2022

년 6월 9일, 1심에서 유죄를 선고받았다. 보통 사람이면 민망해서 조금이라도 반성을 할 법한데 유 씨는 역시 달랐다. "한동훈 씨가 이동재 기자와 함께 저를 해코지하려 했다고 생각한다"라며 적반하장의 진수를 보여 줬다. 산전수전 다 겪은 그도 유죄 판결은 예상하지 못한 듯 법정 밖에서 전형적인 '가해자' 표정을 지으며 피해자 비난에 열을 올렸다. 자신이 유포한 가짜 뉴스 때문에 인생을 잃을 뻔한 사람들에게 상식적으로 이럴 수 있을까? 청나라 때 학자 고염무는 "무치즉무소불위無恥則無所不爲"라고 했다. "부끄러움을 모르면 못할 짓이 없다"라는 뜻이다. 그는 60대가 된 요즘 특히 더 못할 게 없는 것 같다.

조작의 신기술

'공영 방송'의 사전적 의미는 '방송의 목적을 영리에 두지 않고, 시청자로부터 징수하는 수신료 등을 주재원主財源으로 하여 오직 공공의 복지를 위해서 행하는 방송'이다. 공영 방송의 의미를 '수신료를 강제로 징수해 국민에 대한 가짜 뉴스를 유포하는 곳'으로 바꿔야 할지 모르겠다. 오로지 공공의 복지를 행해야 할 공영 방송이 도리어 정치 권력이 제조한 가짜 뉴스 유포의 선봉장이 되어 선동에 앞장섰다.

KBS의 간판 뉴스인 〈뉴스9〉의 앵커 정연욱과 KBS 기자 김기화는 2020년 4월 10일, KBS 유튜브 〈댓글 읽어주는 기자들〉에 출연해 나에 대한 허위 사실을 유포했다. 공영 방송 기자들의 비방 수준은 너무도 저열하고 심각했다. 매월 2,500원의 수신료를 국민으로부터 강제로 걷어가는 공영 방송의 기자들이 최소한의 '팩트 체크'도 하지 않았다.

김기화 이거로 뭘 하려고 했느냐. 유시민 씨를 엮으려고 했던 거지 않습니까. 그것도 '총선'을 딱 앞두고.

옥유정 총선 전에 붙어야 된다.

김기화 전에 붙어야 된다. '그래야 가치가 있다.' 이런 얘기를 하잖아요. 이거 사실. 여러분은 정말 안 믿으실 수도 있어요. 기자 새끼들 저거 다 알면 지들도 똑같으면서 저렇게 말하고 있구나라고 생각하실 수도 있는데. 진짜 깜짝 놀랐어요. (중략)

정연욱 이동재 기자라고 들었는데 볼드모트? (중략)

정연욱 이 보도의 핵심은 아까 우리가 잠깐 빼먹었지만 이 채널A 기자가 '사실이 아니어도 좋다' 그랬잖아요. 그게 핵심이에요.

김기화 저도 그 포인트가 가장 충격적이었어.

정연욱 그걸 지금 왜 안 다루지? 이거지. 그니까 이철 씨는 뭐 이게 이 사람 주장이 맞냐 아니냐는 훗날 드러나겠죠. 어딘가에서 취재하는 중일 수도. 근데 그거는 저는 이 본질하고 아무 상관이 없다고 생각해요. 그 이철 씨가 누구든 간에 이 언론사 기자 직함을 가진 '인간'이 "사실이 아니어도 좋으니 이렇게 말해 달라"고 한 취재 과정이 드러난 게 문제인 거죠. 거기에 대해서는 뭐 더 이상 논란과 의심의 여지는 없다고 생각해요.

_〈2020.4.10. KBS 유튜브 '댓글 읽어주는 기자들'〉

공영 방송 KBS의 얼굴이라고 할 수 있는 〈뉴스9〉의 앵커가 최소한의 취재도 없이 허위 사실을 '핵심'이라고 유포하며, '언론사 기자 직함을 가진 인간'이라는 멸칭으로 타 언론사 기자를 비방했다. 함께 출연한 기자들 역시 내가 하지도 않은 발언을 비난하며 조롱했다. 조회 수가 일주일 만에 20만 회를 넘었다.

그보다 더 충격적인 건 공영 방송 기자가 1조 원대 사기 집단에 관한 취재나 판단 없이 "어딘가에서 취재하는 중일 수도. 그건 본질과 아무 상관이 없다고 생각해요"라고 당당하게 말하는 것이었다. 서민 3만 명에게 피해를 준 1조 원대 사기 사건이 이들에겐 취재의 가치 있는 사건으로 다가오지 않았던 모양이다. 반면, 이들은 같은 유튜브 방송에서 '드루킹 댓글 조작 사건'을 소개하면서 "닭갈비[14] 먹고 볶음밥 안 먹었다는 건 말이 안 된다"라며 김경수 경남지사 측 주장에 힘을 실었다. 그러고선 자기들끼리 맛있게 닭갈비를 먹는 '먹방' 영상을 올렸다. 하지만 '드루킹 사건' 재판을 제대로 챙긴 법조 기자라면 모두가 잘 알겠지만, 로그 기록 등 워낙 증거가 풍부했던 까닭에 '닭갈비'는 재판에 딱히 의미 있는 변수가 되지 못했다. 기자는 오로지 발로 뛰어서 취재해야지 다른 부분이 개입되면 여러모로 꼴이 우습게 되곤 한다.

적어도 뉴스를 보는 시청자들은 기자를 신뢰한다. 대중은 이름 있는 언론사의 기자들이라면 충분한 취재와 팩트 체크, 게이트키

---

14 김경수 측은 "닭갈비 식사를 하느라 드루킹의 댓글 조작 시연을 참관하지 않았다"라고 주장함.

핑을 거친 뒤 보도할 것이라는 확신을 한다. 그런데 국민의 수신료를 매월 2,500원씩 받아가는 공영 방송 KBS의 기자들이 특정 정치 세력의 허위 주장을 아무런 팩트 체크도 없이 그대로 퍼 나르는 게 상식에 맞는 일인가?

KBS 유튜브 〈댓글 읽어주는 기자들〉 오프닝 영상에선 "나는 공산당이 싫어요"를 본 따 "나는 기레기가 싫어요"라고 외치는 장면이 나온다. 역설적이게도 정연욱은 2020년 3월 6일 〈댓글 읽어주는 기자들〉에서 《중앙일보》의 '의료 사회주의 김용익 사단, 이중 코로나 실세는 靑 이진석'이라는 기사를 끄집어내며 "당사자 입장이 반영되지 않았다"라며 "아주 비열한 기사", "대단히 죄질이 안 좋죠", "부끄러운 줄 알라"며 《중앙일보》를 강하게 비난했다. "이재갑 한림대 교수가 이진석 청와대 국정상황실장과 친하다고 들었다"라는 최대집 의협 회장 발언을 이재갑 교수에게 확인하지 않았다는 게 그 이유였다. 기사를 썼던 《중앙일보》 논설위원은 송고 전에 이재갑 교수에게 두어 통 전화를 걸었지만, 통화가 이뤄지지 않았다고 한다. 그러면 KBS 기자들은 어떤 확인 절차를 거치고 가짜 뉴스를 유포했는가.

KBS 정연욱은 2021년 8월 26일 같은 방송에선 민주당이 밀어붙이던 이른바 '언론중재법'을 언급하며 "우리의 '자성', '성찰', '반성' 또는 '객관화'도 좀 함께 고려해 봐야 하지 않을까"라고 발언했다. '언론중재법'은 언론사의 허위·조작 보도에 대해 최대 5배의 징벌적 손해 배상을 청구할 수 있게 하는데, 자의적 해석 가능성이 커서 언론 자유가 대폭 위축될 것이라는 각계의 우려가 폭증했다. '언론중재법'의 교과서에 실릴 만한 '완벽한 허위 사실'을 유포한 KBS 기자들이 정작 동료 기자들의 행태를 비판하며 '자성'과 '반성'을 운운했다. '이중잣대'도 이렇게 진지하고 당당할 수 있다니.

2023년 4월 10일, 나는 KBS 정연욱과 김기화 기자로부터 공개 사과를 받았다. 공영 방송의 사과를 한 번 받는데 걸린 기간은 꼬박 3년이었다. 이들은 나를 만나 '자필 사과문'을 전달한 뒤 유튜브에 공식 사과문을 영구 게시했다. 사과를 받는 게 보통 힘든 일이 아니었다. KBS 측은 처음엔 사과문에 '사과'라는 말도 넣지 않으려 했다. 정연욱은 심지어 사과 직전까지 유튜브 방송에서 "당부드리는데 경찰서 갈 때 막 브이로그하고 이러면 안 돼요. 하하. 경찰관 아저씨들이 화내요"라고 조롱하며 2차 가해까지 했다. 국민에게서 매달 강제로 앗아간 KBS 수신료는 이런 식으로 쓰이고 있었다. 그나마 내가 형사 고소를 하지 않았다면 대한민국 공영 방송 기자들의 사과를 받는다는 건 언감생심이었을 것이다. 나는 정연욱 등이 공개 사과를 하면 KBS가 합당한 조치를 할 거로 생각했는데, 오히려 이들은 사내에서 승승장구하고 있다. KBS에 언젠가는 자정 기능이 작동할 것이라 믿고 싶다.

KBS의 '가짜 뉴스 퍼레이드'는 나에 대한 것 이외에도 다방면에서 반복됐다. 2019년 4월 4일 강원도 고성에서 발생한 산불 재난특보를 보도하는 상황에서, 취재 기자가 현장에서 100킬로미터 떨어진 강릉에 있었음에도 고성 산불현장에 있는 것처럼 '가짜 방송'을 했다. KBS는 2023년 3월 16일 한일 정상 회담 중 윤석열 대통령이 일본 의장대 사열을 하는 장면에서 "의장대가 우리 국기를 들고 있지 않은 것 같다"라며 일장기에만 절을 했다는 취지로 설명하기도 했다. 치명적인 가짜 뉴스였다. 태극기도 함께 있었다는 사실이 드러나자 KBS는 뉴스 말미에 사과 멘트를 내보냈다.

서울 시민의 세금이 투입되는 TBS의 활약도 대단했다. TBS는 〈김어준의 뉴스공장〉 외에도 〈정준희의 해시태그〉와 〈더룸〉 등의 김어준 류(類)의 프로그램에서 허위 사실을 마음껏 유포했다.

> **정준희** 저는 채널A 기자가 '관행이라는 이름으로 세상을 주무르고 싶었다'라고 생각합니다. (중략) 그 순간 누군가와 사건을 설계하기 시작을 합니다. "거짓이라도 좋으니 증언을 달라"라고 감히 이야기하는 상황을 만들어 내는 거죠. (중략) 채널A 기자에게서 핵심적인 취재윤리의 문제는 뭐였느냐, 있었던 증거를 얻기 위해서 취재한 게 아니라 원하는 장면을 얻기 위해서 증언을 요구했다는 데 있습니다. 그리고 그것으로 '자기가 세상을 주무를 수 있다'고 생각한 거예요.
>
> **김언경(민언련 대표)** 이번 사태는 조금 더 노골적으로 "그냥 거짓이든 진실이든 약한 거든 센 거든 뭐든지 줘 봐" 이런 태도를 보였다는 것에서는 취재윤리 수준으로 말할 수 있는 내용이 아니라고. 저는 이게 이거를 그냥 제가 계속 말하는 상식, 상식이 이게 말이 안 되는 행위를 했다.
>
> _ 〈2020.4.9. TBS '정준희의 해시태그'〉

여기에 등장하는 진행자 정준희는 사실 뭐하는 사람인지 잘 몰랐는데, 대학에서 미디어학을 가르치는 '겸임교수'라고 한다. 그는 문재인 정권 들어서 MBC 〈백분 토론〉과 KBS 라디오 〈열린 토론〉의 진행자 자리를 꿰찬 인물로 '팩트 체크'의 중요성을 강조하는 강연을 하기도 했다. 정 씨는 총선 직전 김어준·최강욱·유시민 3인방과 똑같은 가짜 뉴스를 유포했다. 수십만 명에게 가짜 뉴스를 퍼뜨려 국민을 선동한 자가 공영 방송의 토론 프로그램 진행자를 맡아 여전히 엄격·근엄·진지하게 정부와 언론을 비판하고 있다. 물론 정 씨가 진행하는 프로그램을 두고 심각한 편향성 지적도 있다. 가짜 뉴스를 유포한 자를 국민의 수신료로 운영되는 KBS의 진행자로 쓰는 것이야말로 정 씨의 말대로 "세상을 자신들이 주무르는 것"이라 할 것이다.

한편, 정준희 옆에서 함께 허위 사실을 유포한 김언경은 당시 민언련의 '공동대표'였다. 문재인 정권에서 각종 지원금을 받으며 언론계 '요직'을 싹쓸이하던 민언련은 허위 사실 유포만으로 모자랐는지 나를 직접 검찰에 고발까지 했다. 이 민언련이라는 단체에 대해선 뒤에서 자세히 다루기로 한다.

그밖에 셀 수도 없는 '생계형 음모론자'들이 최강욱 류(類)의 허위 사실을 유포하며 좌파 시민들에게 앵벌이를 해댔다. 보석으로 풀려난 후 유튜브에서 내 이름으로 검색된 수천 개의 방송을 일일이 들여다보니 가짜 뉴스 일색이었다. 차마 입에 담을 수조차 없는 조롱은 말할 것도 없고 가족에 대한 모욕까지 넘쳐났다. 그중엔 나와 친분이 있던 출연자들도 있었는데 그들은 아무런 거리낌 없이 가짜 뉴스로 남을 공격하며 손쉽게 돈을 벌어댔다. 내 앞에서 웃는 얼굴로 인사하던 자들이 나에 대한 가짜 뉴스를 유포하며 그렇게 정치적으로 자신을 홍보하기도 했다. 대체 돈과 정치가 무엇이기에 배울 만큼 배운 사람들을 이리도 너절하고 남루하게 만드는가.

의인 만들기 프로젝트

공영 방송은 총선용 가짜 뉴스 유포에 나서는 동시에 사기 전과자 '의인 만들기'에도 나섰다. MBC가 사기 전과자를 흡사 정의의 사도처럼 추켜세우자 KBS와 YTN도 경쟁하듯 그를 모셔댔다. 공공재인 '전파'를 쓰는 공중파 방송에 '전과 5범' 사기 전과자의 출연이 가능하다는 게 믿기지 않겠지만, 문 정권 때는 그런 세상이었다. 정파의 이익을 위해서라면 상식은 무시됐다. 사기 전과자는 MBC 뉴스에 뒷모습으로 등장한 데 이어, KBS와 YTN의 시사 프로그램에도 출연했다. 모두 편향성 지적을 받던 프로그램이다.

공영 방송 KBS는 2002년 '김대업 사건' 때도 〈오마이뉴스〉의 기사를 받아 대대적으로 보도해 여론을 만들었다. KBS는 2020년에도 MBC 보도 이틀 만에 사기 전과자를 직접 〈더라이브〉에 얼굴을 실루엣으로 처리한 뒤 출연시키며 '검언 유착 프레임'에 기름을 들이부었다. MBC와 KBS는 이철이 어떻게 14년 6월이라는 중형을 선고받게 됐는지, 그가 1조 원대 서민 사기 사건의 주범이라는 것 등 구체적인 배경 설명 없이 '피해자'로 묘사했다.

뒤늦게 뛰어든 YTN은 변상욱 대기자가 진행하던 〈뉴스가 있는 저녁〉에 13분 동안이나 사기 전과자를 출연시켰는데, 질문도 답변도 가관이었다. 변 씨는 "같은 기자로서 제일 궁금하고 가슴이 먹먹해지는 질문인데 '사실이 아니어도 좋으니 내놔라' 이렇게 얘기하던가요?"라며 최강욱이 창조한 '가짜 뉴스'를 통째로 질문으로 던졌다. 사기 전과자는 풍부한 전과 기록자답게 '허위 사실 유포' 기소를 의식했는지 "분량이 굉장히 많아서 그 부분이 어디에 들어가 있는지는 기억나지 않는데요"라며 슬며시 말을 돌렸다. 뒤이어 범죄 이력 관련 질문엔 "적어도 제가 무슨 '친일 행위'를 한 전과라든가 '반민족 행위' 때문에 처벌받은 건 없어요"라며 코미디 같은 답변을 내놓기도 했다. 해방 20년이 지나 1965년에 태어난 사기 전과자가 '친일 범죄'를 운운하는 코미디 같은 대목에서 변 씨는 "예"라고 하며 공감을 표했다.

진중권 교수는 "저쪽에서 '의인'으로 내세우는 사람들은 하나같이 사기 전과가 있는 사람들"이라며 "검언 유착 공작의 제보자도 그렇고, 라임 펀드의 김봉현도 그렇고, 한명숙 복권운동의 증인들도 그렇고"라며 일갈했다.

정작 사기 전과자는 내 재판에 증인으로 채택된 후 1심 재판 내내 '폐문부재'로 불출석했다. 이후 허위 사실 유포로 본인이 기소된 상황에서 재판에 모습을 드러내지 않아 구속되기도 했다. 사기 전과자를 앞다퉈 출연시키던 공영 방송과 좌파 언론은 실상이 드러난 오늘날, 더는 그를 모시지 않는다. 의인이 아니라 그저 용병이었던 모양이다.

한편, 사기 전과자는 훗날 2심 재판에 증인으로 출석해 이동재가 첫 만남부터 '부산고검' 얘기를 했다고 거듭 진술했다. 내가 "부산고검"이라고 먼저 이야기해서 당시 '부산고검 차장검사'로 근무 중이던 한동훈 검사장 목소리를 자신이 찾아 듣고 갔다는 거다. 사기 전과자는 MBC 라디오에서 "20년 동안 통화하지 않은 친구가 전화와도 안다"라며 목소리 구분하는 신통력이 있음을 강조했다. 그러나 녹취록·편지 어디에도 '부산고검'은 물론 '부산'도, 심지어 '경상도'조차 등장하지 않는다. 재판에서 나의 변호인이 이를 추궁하자 사기 전과자는 대뜸 "이 사건을 위증, 고소·고발 형식으로 하려는 것 같다"라며 흥분했다. 재판을 많이 받아본 전과 5범이니 본능적으로 위증의 위험을 인지했을 것이다.

조국과 한명숙의 생존 전략

권언 유착 일당은 나에 대한 허위 사실 유포를 통해 '검언 유착' 프레임을 만들고, 그 프레임을 극대화해 자신들의 숙원사업 해결로 확장하려 했다. 뇌물 혐의로 실형 복역한 한명숙 전 총리, 일가족의 파렴치 비리가 드러난 조국의 사건을 난데없이 나에게 붙이며 끌어들였다. '이때다' 싶으니 검찰·언론과 엮어 볼 수 있는 것은 다 엮어 보자고 생각한 모양인데, 좌파 진영에는 한명숙과 조국의 명예 회복이 제1의 선결 과제였던 듯하다.

이런 일에 역시 김어준이 빠질 리가 없다. 김어준은 나에 대한 허위 사실 유포와 동시에 한명숙 사건을 한데 묶어 특유의 기술로 버무리며 대중을 선동했다.

> **김어준** 유시민 이사장 관련 채널A 사건 있잖아요. "돈을 주지 않았어도 좋다. 줬다고만 해라. 나머지는 알아서 한다." 그 채널A 사건이 실제 실행돼서 성공한 케이스가 바로 한명숙 재판이었다는 것을 명확하게 알 수 있어요.
>
> _〈2020.5.15. TBS '김어준 뉴스공장'〉

이 자들은 대체 왜 이랬을까? 한명숙 전 총리의 경우 불법 정치자금을 수수한 명확한 증거가 발견돼 대법원 전원합의체에서도 유죄를 인정했던 건이 아니었던가. 자신들이 정권을 잡았으니 증거가 명백한 확정 판결의 결론도 바뀌어야 한다는 논리인지, 상식의 두뇌로는 쉽게 이해가 되지 않았다. 그러나 그들은 '건수'를 잡았다고 생각했는지 쉼 없이 주마가편走馬加鞭했다.

김어준이 가는 곳에 빠지지 않는 유시민 역시 유튜브 〈유시민의 알릴레오〉 방송에 이해찬과 함께 출연해 '시원하게' 나에 대한 허위 사실을 유포하며 한명숙을 소환했다.

> **진행자** 이철 대표가, 어 내가 유시민에게 현금 우리 계좌에서 나간 현금 중에서 얼마를 줬다고 마음을 바꿔서 못 이겨서 그렇게 진술만 했으면.

유시민 저는 그냥 바로 포토 라인에 서 가지고.

이해찬 아니, 그게 한명숙 건 아닙니까?

유시민 그렇죠. 한명숙 총리가 그렇게 당한 거죠.

_〈2020.4.7. '유시민의 알릴레오'〉

한명숙은 유죄가 확정된 뒤에도 줄곧 "역사와 양심의 법정에 선 무죄"라고 주장해 왔다. 심지어 구치소 수감 날엔 '성경'과 '백합꽃'을 들고 나타나 결백을 강조했다. 그런 한명숙을 두고 문재인 당시 새정치민주연합 대표는 "역사와 양심의 법정에서 무죄임을 확신한다"라며 지원 사격을 했다. '역사와 양심의 법정'은 내비게이션으로 어디를 찍고 가야 나오는 곳일까. 명백한 증거가 발견돼 실형이 확정된 사람이 '순결'을 의미하는 백합은 왜 들고 있었을까. 억울하면 재심을 신청해서 떳떳하게 법의 심판을 받으면 될 일인데, 재심 신청은 안 하고 지도에도 없는 법정만 찾으며 나만 공격해대니 지지자들도 무논리에 민망했을 듯하다.

물론 유시민은 민망하지 않았던 모양이다. 그는 내가 구속된 지 일주일 후인 2020년 7월 24일 MBC 라디오 〈김종배의 시선집중〉에 출연해 한명숙과 조국을 동시에 소환해 나와 한동훈 검사장을 또 공격했다. 나와 한동훈 검사장의 기소 여부를 가를 검찰 수사심의위원회 개최 당일 아침 방송이었다. 그 의도가 뻔했다.

"한명숙 총리 사건에서 검사들이 증언을 조작하기 위해서 같이 수감

됐던 사람들을 회유하고 교육시키고 이랬던 사실들이 뉴스타파 보
도를 통해서 나왔잖아요. 검사들이 시대가 바뀌어서 수십 년간 해오
던 일인데 그건 자기 손으로 하면 잘못하면 걸려요. 그러니까 이걸
외주를 줬다고 저는 봐요."

"조국 사태 와중에 채널A가 단독을 단 보도를 최고 많이 한 언론사
인데 채널A 단독 보도 35건 중에 30건 가까이를 이동재 기자가 했
어요."

_〈2020.7.24. MBC 라디오 '김종배의 시선집중'〉

이동재가 조국 사건 단독 기사를 제일 많이 쓴 기자이며, 수감
된 사람의 증언을 '조작'하려는 검찰의 외주를 받아 나섰다는 주
장이다. 그러면서 돈을 받고 실형 복역한 한명숙을 '조작의 피해
자'라고 살포시 끼워 넣었다. 빌드업 되는 과정이 예술이다. 방송
에서 이런 소리를 할 정도면 '평상시 정상적인 생활은 가능할까'
하는 의문이 드는데, MBC는 나와 한동훈 검사장의 검찰 수사심
의위원회가 열린 당일 유시민의 주장을 여과 없이 방송하며 제
대로 '판'을 깔아줬다.

조국 사건 수사를 지휘한 한동훈과 조국 기사를 제일 많이 쓴
《채널A》를 악마화하여 조국을 어떻게든 살려 보려고 했을 것이
다. 그런다고 조국 일가의 파렴치 행위가 조금이라도 덮어지겠
는가. 어쨌든, 이들에게 뇌를 의탁한 사람들은 계속해서 무리한
선동에 놀아날 수밖에 없었으니 안타까운 현실이다.

종편 재승인을 막아라

"왜 반박 보도를 하나도 안 하나요? 방통위 때문이에요?"

"방통위는 슈퍼 갑(甲)이야. 초(超) 갑이야. 재승인 '개목걸이' 때문에. 진상조사를 안 해도 되는 건데 방통위 때문에…."

권언 유착 세력의 허위 사실 유포와 억지 공격에 누명을 쓰고 억울하게 당하던 상황에서 "왜 반박 보도를 안 하냐"는 내 물음에 《채널A》 고위 간부는 방송통신위원회(이하 방통위)의 '재승인'을 언급하며 길게 한숨을 내쉬었다. 이제는 많이 알려졌듯 '민언련' 대표 출신인 한상혁 당시 방통위원장은 언론사의 '존립'이 달린 재승인을 갑자기 MBC의 보도와 결부시키며 《채널A》를 압박했다. 이 틈을 타 '민언련'은 《채널A》와 《TV조선》 재승인 취소 국민청원을 벌였고, 유사한 이름의 언론 단체 수백 곳이 대거 《동아일보》 사옥 앞에 출동해 《채널A》 재승인 취소를 외쳐댔다.

본래 《채널A》의 재승인은 MBC 보도 닷새 전인 2020년 3월 26일에 이뤄졌어야 했다. 그해 3월 16일부터 20일까지 종편 《채널A》와 《TV조선》, 보도 채널 《연합뉴스TV》와 YTN은 함께 방통위의 재승인 심사를 받았다. 당시 《채널A》는 모든 재승인 항목에서 기준 점수를 충족한 상황이었다. 심지어 1,000점 만점 중 662.95점으로 함께 심사받은 방송사 4곳 중 가장 높은 점수를 기록했었다. 그러나 한상혁 방통위는 《TV조선》이 단 한 가지(공적 책임·공정성) 항목에서 과락을 기록했다는 이유로 뜬금없이 《채널A》를 함께 묶어 재승인을 보류했다. 반면, 《채널A》·《TV조선》과 함께 재승인 심사한 《연합뉴스TV》와 YTN의 경우 3월 26일 당일에 재승인을 의결했다.

한상혁은 같은 해 7월 국회에 출석해 "같은 종편 방송사는 같이 처리하기 위해 한 것"이라고 해명했다. 그러나 한상혁은 2019년 12월 지상파 방송국 재허가 당시엔 일부 지상파 방송사가 기준 점수에 미달했어도 MBC와 KBS 등을 곧장 재허가한 바 있다.

모든 게 지독하게도 촘촘하고 세밀했다. 숨겼던 추악한 진실은 뒤늦게야 밝혀지는 중이다. MBC 보도 직전 방통위가 《TV조선》의 재승인 심사 점수를 고의로 조작한 것이다. 《TV조선》이 재승인 점수를 모두 충족했지만, 방통위 간부는 심사위원들에게 이미 제출된 심사평가표를 돌려주면서 심사 사항을 수정하게 했다. 관여한 방통위 국장과 과장, 재승인 심사위원장 모두 구속 기소됐다. 한상혁 역시 《TV조선》이 재승인 기준을 넘겼다는 보고를 듣고 "미치겠네. 시끄러워지겠네. 욕 좀 먹겠네"라는 반응을 보이는 한편, 평소 종편 재승인 취소를 주장하던 민언련 출신 인사를 재승인 심사위원에 포함하도록 직접 지시한 혐의 등으로 함께 재판에 넘겨졌다. 감사원과 검찰은 한상혁의 반응을 본 방통위 국장이 심사위원장을 통해 심사위원들을 움직여 점수를 조작하게 한 것으로 본다.

방통위의 《TV조선》 재승인 점수 조작이 없었다면 당연히 《채널A》 재승인 보류도 없었다. 한상혁 방통위는 MBC 보도 직후부터 끊임없이 재승인으로 《채널A》를 압박하며 총선 기간 내내 숨통을 조이더니 총선 닷새가 지난 2020년 4월 20일이 되어서야 '재승인 철회' 유보 조건을 달아 재승인했다. 검찰은 한상혁의 《채널A》 재승인 보류 과정에 대한 '직권 남용' 의혹 역시 수사 중이다.

어디 이뿐인가. 2019년 문재인 대통령의 신년 기자 회견에서 소속 기자가 "경제가 몹시 어려운데, 정책 기조를 바꾸지 않는 그 자신감은 어디에서 나옵니까?"[15]라고 질문했던 경기방송은 이 듬해 아예 '폐업'을 했다. 경기방송은 방통위의 재허가 당시 전체 146개 심사 대상 방송국 중 객관적 평가에서는 8위를 차지했지만, 심사위원이 심사하는 주관적 평가에서는 '최하위'를 받고 조건부 재허가 처리됐다. 이후 매출 급감에 시달리다가 아예 언론사 문을 닫은 것이다. 몹시 석연찮은 이 과정 역시 검찰 수사 중이다. 권력이 사회적 공기公器[16]를 무롱舞弄[17]하는 것은 묵과할 수 없는 일이다. 민주의 탈을 쓴 자들이 언론을 통제하고 파괴해댔다.

이동재의 진짜 팩트 체크

법원 "최강욱, 이동재 명예 훼손 300만 원 배상하라" (한겨레 / 2022.12.23.)

法 "최강욱, 300만 원 배상하고 페이스북에 정정문 7일간 게시하라"

法 "이동재 편지와 녹취록에 최강욱이 올린 글 내용 없어"

---

15 소득 주도 성장의 폐해를 지적함.
16 사회의 구성원 전체가 이용하는 도구.
17 붓을 함부로 놀리어 문사를 농락함.

2부

What

무엇이 사실인가?

권력을 가진 자들이 약자 코스프레를 하며 권력을
더 달라고 구걸한다.
그런데 이 구걸이 성공하면 우리는 이들의
오만방자와 방약무인을 또 보게 될 것이다.

_ 전 법무장관 조국의 2014년 6월 3일 트위터 내용 중에서

5

동물농장 시대,
작전명 '한동훈·윤석열'

'수사'라는 이름의 폭압

            MBC '검언 유착' 보도 일주일이 지
난 2020년 4월 7일, 한상혁 방통위원장이 몸담던 친여 단체 '민언
련'은 나를 '협박죄'로 서울중앙지검에 고발했다.[18] 그리고 다시
일주일 뒤인 4월 15일에 있었던 총선에서 민주당은 180석을 확보
하며 대승을 했고, 여권과 일부 검찰은 이 화력을 바탕으로 최종
목표인 한동훈과 윤석열을 잡기에 본격적으로 나섰다. 3년 이하
의 징역 또는 500만 원 이하의 벌금형에 처하는 '협박죄'로 고발
당한 것도 황당한 판에, 검찰은 급기야 훨씬 더 처벌 수위가 무거
운 '강요미수죄'(5년 이하의 징역 또는 3천만 원 이하의 벌금)로 죄명을 바꿨
다. 나를 어떻게든 더 망가뜨려서 윤석열과 한동훈을 잡겠다는 일

---

18   이후 민언련은 유튜브와 언론 인터뷰 등에서 허위 사실을 반복 유포함.

념이었을 것이다. 민언련의 고발 3주 만인 4월 28일, 서울중앙지검 수사팀은 전격적으로 '압수 수색'을 실시했다.

여느 날처럼 《채널A》에 출근하려고 아파트 1층 공동 현관문을 나서는데 검사와 수사관 5명이 나를 에워쌌다.

"이동재 씨, 서울중앙지검에서 나왔습니다."

순간, 나는 당황했다. 설마설마했는데 압수 수색까지 할 줄이야. 무겁고 긴 한숨이 절로 나왔다. 그렇지만 피할 수 없는 일이었다. 마음을 가다듬었다.

"다른 주민들도 보고 있는데 동네 시끄럽게 하지 마시고 집으로 올라갑시다."

나는 반사적으로 차분하게 대꾸하며 수사팀을 순순히 집으로 안내했다. 그러면서도 한편으론 걱정이 한가득이었다. 마침 집에는 본가에서 어머니가 와 계셨다. 혹여 아들이 억울함을 견디지 못해 극단적인 선택이라도 할까 싶어 내가 사는 집에 머물고 계셨다. 어머니를 진정시키는 게 먼저였다.

"엄마, 검찰에서 손님들이 왔네. 잠깐 어디 밖에 좀 가 계세요."

"그래, 내가 살다 살다 별꼴을 다…."

또 뭐지? 가슴이 덜컥 내려앉았을 어머니는 말끝을 흐리며 집 밖으로 나가셨다. 표정엔 모성의 인내가 응집돼 있었다. 어머니는 알고 계신 듯했다. 그날의 압수 수색이 내 삶을 어떻게 쑥대밭을 만들 것인지를. 나는 밖으로 나가시는 어머니를 확인한 후 검사에게 변호인 입회 후에 압수 수색을 시작하자는 말을 건넸다. 그 말에 검사가 내 변호인 이름을 물었다.

"주진우 변호사님이요."

서울동부지검 부장검사 재직 중 문재인 정권 '환경부 블랙리스트' 수사로 압박을 받고 검찰을 나온 내 변호인 이름을 이야기하자, 검사는 움찔 놀라는 표정을 지으며 상부에 곧장 보고하는 모양새였다. 주진우 변호사가 압수 수색 참관을 위해 집에 도착할 동안 나는 검사와 수사관들에게 디카페인 커피를 타서 건넸다. 그리곤 간단히 궁금한 걸 물었다.

"그런데 왜 최강욱 수사는 안 하죠? 왜 MBC 수사는 안 해요? 답을 정해놓고 하는 수사입니까?"

"그, MBC 영장은 기각됐고요…. 그런데 최강욱 의원은 고발이 됐나요?"

문재인 정권 당시인 2020년 법원의 압수 수색 영장 발부율은 99퍼센트. 그런데 영장이 기각됐다? 수사팀이 MBC에 압수 수색 영장을 어떤 식으로 청구했는지 뻔했다. 나중에 알고 보니 MBC 영장 청구서엔 나에 대한 '몰카' 촬영이나 최경환 전 부총리의 고소 내용 등이 싹 다 빠져있었고, 그저 이동재의 강요미수 혐의 '참고인'으로만 적시돼 있었다. 당연히 영장이 발부될 리가 없었다. 그것도 모자라 검사는 최강욱이 허위 사실 유포로 '피소'된 사실은 아예 알지도 못했다. 이성윤이 이끄는 서울중앙지검이 이 수사를 어떤 식으로 끌고 갈지 알만했다.

"하하하. 검사님은 최강욱이 고발된 것도 모르고 계셨다는 거네요. 친여 단체가 이동재를 고발한 건은 당장 압수 수색하고, 여당 국회의원은 뭐 수사도 안 하는 건가요?"

내 말에 앳된 얼굴의 검사는 섬자 말수가 적어지더니 베란다로 나가 시시콜콜 모든 내용을 윗선에 전화로 보고했다. 나 역시 황당한 상황 속에서도 《채널A》에 압수 수색 사실을 알려야 할 것 같아 검사의 동의를 받은 뒤 《채널A》 관계자에게 전화를 걸었다.

"집에 검찰이 압수 수색 와서 출근 못 할 것 같네요. 전화도 곧 뺏어갈 것 같은데. 이게 말이 되나요?"

"회사도 압수 수색한다고 쳐들어왔어. 한 스무 명 넘게 왔나? 엄청 많이 몰려 왔어."

같은 시간, 《채널A》 본사에도 수사 인력이 들이닥쳤다. 언론사 압수 수색 영장 집행은 '31년'만이었다. 수사팀은 흡사 영화 '범죄도시'의 한 장면 마냥 '보안 게이트'를 훌쩍 뛰어넘는 소동까지 벌이며 언론사 내부로 소란스럽게 진입했다. 21세기 한국 사회에서 이런 일이 있을 수 있다니. 비현실적인 상황에 온몸에 소름이 돋았다.

검찰이 《채널A》 사옥을 압수 수색하기 위해 보안 게이트를 뛰어넘으며 진입하는 장면.
《채널A》 노조 제공.

《채널A》 동료들은 귀가하는 대신 스크럼을 짜고 사옥에서 검찰과 2박 3일 밤샘 대치했다. 지방 주재 동료들은 퇴근 후 KTX를 타고 상경해 합류했다. 동료들에겐 여전히 몹시 미안하고 고마운 마음이다. 동료들이 귀가도 못하고 대치하는 과정에서 검찰은 《채널A》가 진상조사를 하겠다며 내 휴대 전화와 노트북의 포렌식을 맡긴 '사설 포렌식 업체'에도 각각 들이닥쳤다. "포렌식 직후 파기하겠다"라는 약속과 달리 《채널A》 측이 의뢰한 자료를 열흘 넘게 '몰래' 보관하고 있던 용산의 사설 포렌식 업체에서 수사팀은 포렌식 자료를 '모두' 확보했다. 이 업체는 '세월호 희생자들의 휴대 전화를 복구했다'라며 믿음과 신뢰를 내세우던 곳이었다.

한편, 당시 《채널A》 내부 진상조사위원이었던 강 모 기자는 "도대체 포렌식 업체를 누가 알려 줬냐"라며 항의하는 노조에 "이동재가 포렌식 업체를 알려 줬다"라고 답했다. 나는 포렌식 업체를 알려 줄 이유가 없었다. 노트북의 경우 포렌식 업체의 이름은 물론, 포렌식을 맡긴 사실조차 몰랐다.

이 밖에 내가 MBC 기자의 '몰카' 찍는 장면이 담긴 CCTV를 문의하기 위해 전화했던 보안업체와 CCTV 복원업체까지 이날 하루에만 총 6곳에서 동시다발적 압수 수색이 이뤄졌다. 기자 한 명 잡자고 얼마나 많은 인원이 동원된 걸까. 정확히 세어보지는 않았지만 대략 50~60명 정도 되었던 것 같다. 기업 수사도 이 정도의 '매머드급'으로 하는 경우는 드물다. 기억하건대 롯데그룹 수사 당시 압수 수색 규모가 이 정도 되었던 것 같다. 반면, MBC나 최강욱 관련 압수 수색은 전혀 이뤄지지 않아 수사팀의 수사 방향을 명쾌하게 알 수 있있다. 심지어 압수 수색 당일 저녁, 수사팀의 검사는 내 변호인에게 전화를 걸어 "오늘 저녁에 검찰청에 와서 포렌식 작업을 참관해 달라"는 요구를 했다. 이는 실무에서 극히 찾아보기 어려운 일이다. 압수 수색 후 포렌식 작업 참관은 통상적으로 1주일에서 열흘 정도는 지난 후에야 이루어진다. 유독 나에 대한 수사만 빛의 속도로 진행됐다.

수사팀은 이 사건과 아무 상관도 없는 내 부모님의 '부동산 내역'을 확인해 리스트를 작성했다. 아버지 소유의 선산이라도 찾아가서 굴착기로 파헤칠 기세였다. 서울과 가까운 곳이었으면 어쩌면 직접 파헤쳤을지도 모른다. 수사팀은 내 주거래은행마저도 수사 선상에 올렸다. 검찰이 수사 의지만 가지면 아무런 잘못이 없는 기자 한 명 수사에도 이토록 온갖 노력을 다한다.

어느 날, 국민은행에서 집으로 보내온 우편을 열어 보니 "검찰에 금융 거래 정보를 제공했다"라는 내용이 적혀 있었다. 확인해 보니 내가 '대여금고'를 사용하고 있는지를 확인한 것이었다. 귀금속이나 금을 보관하는 은행 대여금고에 보관하는 영화 속 장면처럼, 내가 한동훈이나 윤석열과 관련된 무언가를 숨겨 놨을 것이라고 본 것이다.

법조계 인사들은 이를 두고 "거물급 인사나 수천억 원대 주가 조작범 수사할 때나 적용하는 기법"이라며 혀를 내둘렀다. 나를 거물급 인사나 재벌로 봐주신 건 감사하지만, 대여금고를 쓸 이유가 없는 서민이라 수사팀에 실망감을 안겨드린 것 같다.

무지와 냉동실 소고기와의 관계

첫 압수 수색 이후 조사와 포렌식 참관을 위해 검찰청사에 총 16번 소환됐다. 수사 대상을 이 정도로 여러 번 소환하는 경우는 극히 드물다. 애초에 내 변호인은 "한 번, 많으면 두 번 정도 조사하지 않겠나"라고 하면서 이 건은 도저히 기소할 수 없는 사안이라고 했다. 하지만 수사팀은 나를 끝없이 불러댔다. '사람이 먼저다'라던 그 정권의 2020년은 그렇게나 광기 어린 시절이었다. 그래도 난 거리낄 게 하나도 없었던 만큼 검찰 소환 때마다 당당하게 1층 로비를 통해 들어갔다. 이를 목격한 기자들을 통해 자연스레 나의 검찰 출석 사실이 언론에 보도됐다. 이런 나의 출석 보도가 부담됐는지 수사팀은 내게 "지하 주차장으로 출석해 달라"며 강하게 요청 아닌 요청을 했다. 공개 출석하겠다고 해도 하지 말라는 검찰. 이게 말이 되는가. 역사상 '공개 출석하지 말아 달라'고 검찰로부터 요청받은 사람이 나 말고 또 누가 있을까 싶다.

2020년 5월 25일, 증거물 '포렌식 참관'을 위해 검찰청 조사실에 출석하니 검사가 내 휴대 전화 2대(취재용·개인용)와 노트북 1대를 꺼내 보였다. 애당초《채널A》진상조사위원들이 "회사에 안전하게 보관하겠다"라며 "진상조사에 협조하라"라고 내게 요구하기에 검찰의 수사가 한창인 상황에서도 회사에 건넸던 것들이었다. 동료들이 2박 3일 귀가도 못하고 온몸으로 맞선 압수 수색, 그런데 취재원들의 온갖 정보가 담긴 내 휴대 전화가 어떻게 검찰청사에 있는지 나로선 황당할 따름이었다.

"아니 이게 왜 여기에 있습니까?"

"《채널A》에서 제출했어요."

"그럴 리가…."

휴대 전화를 덮은 비닐 위 표지를 자세히 보니 '2020년 5월 14일, 서울 용산구 그랜드하얏트 호텔 1층 커피숍, 제출자 : 정○○'이라고 적혀 있었다.《채널A》고위 간부 정 모 선배가 한강이 내려다보이는 그랜드하얏트 호텔 카페에서 수사팀 정광수 검사를 만나 내 휴대 전화를 나와 아무런 상의 없이 몰래 건넨 것이었다. 불과 며칠 전까지만 해도 회사에서 나를 만나 "동재야, 정말 고생 많지? 조만간 소주나 한잔하자"라고 다정하게 위로하던 그 선배의 모습이 오버랩되면서 온몸에 힘이 빠졌다. '믿었던 사람들이 어떻게 이럴 수 있을까. 이러면 동료들이 2박 3일간 집에 못 간 건 뭐가 되나….' 게다가 이런 압수 수색은 법률 상식이 조금이라도 있는 사람이라면 누가 봐도 '불법'이었다. 상상조차 하지 못했던 이 황당한 그림에 내 변호인이 나섰다.

"압수 수색 유효 기간과 장소 등을 위반한 불법임이 법리적으로 명백합니다."

"불법 아닌데요?"

당황한 표정의 김지윤 검사는 순간적으로 "불법이 아니다"라고 둘러댔지만, '법과 사회' 과목을 배우는 고등학생 수준에서 검토해 봐도 명백한 위법이었다. 상식적으로 압수 수색 개시 2주가 지난 뒤 본인도 모르는 상황에서 휴대 전화가 제출된 게 어떻게

'합법'인가. 내 변호인은 즉각 법원에 '준항고[19]' 했다.

　서울중앙지방법원은 2020년 7월 24일, "검찰이 영장 집행 개시에 앞서 그 일시와 장소를 준항고인(이동재)과 변호인에게 미리 통지하지 않고, 압수하기 전 그 일시와 장소를 미리 통지하지 않아 그들의 참여권을 보장하지 않았다"라며 불법 압수 수색이라고 판결했다. 대법원 역시 같은 결정을 내렸다. 법조계에선 "기초적인 논리도 배제된 압수 수색"이라는 비판이 거세게 일었다. 이를 두고 정진웅 수사팀은 "실무상 문제가 없다는 부분에 대해 판단을 구한 것"이라며 "이미 중복해 많은 자료를 입수해 수사나 재판에 미치는 영향은 거의 없다"라고 밝혔다.[20] 위법 수사에 대해 사과는 못할망정, 수사팀의 적반하장 태도에 또 한 번 말문이 막혔다. 내 변호인 주진우 변호사는 "검사들 실무 연습하라고 압수 수색을 당하는 게 아니지 않냐"고 강하게 비판했다. 정진웅 수사팀의 수사는 내내 이런 식으로 흘러갔다.

　급기야 수사팀은 변호인의 조사 입회마저 금지하며 헌법상 나의 기본권을 침해했다. 내 변호인단 중 최장호 변호사가 조사 입회를 위해 검찰청사에 도착했는데, 뜬금없이 "최 변호사는 참여할 수 없다"라고 고지했다. 고지 이유 역시 황당하고 자의적이었다. 최 변호사가 "첫 압수 수색 전날 이동재와 증거 인멸로 보일 수 있는 문자를 주고받았다. 그날 이동재의 통화 기록이 서초동에

---

19 법관의 재판 또는 검사의 처분에 불복해 이의 제기하는 것.

20 대법 "'검언 유착 의혹' 前 채널A 기자 압수 수색 위법했다", 《뉴스1》, 2020.11.13.

What: 무엇이 사실인가?

서 잡혔다"라는 게 수사팀이 내세운 거부 사유였다.

최 변호사는 나와 15년 넘게 교류하던 사이로 대학 동문이다. MBC 보도 일주일 후부터 나는 법률 대응을 위해 이철에게 보낸 '편지'와 이철의 대리인 행세를 하던 사기 전과자와의 '대화록'을 최 변호사에게 건넸다. 사건이 정치적으로 왜곡·확대되면서 대형 로펌 소속이던 최 변호사가 압박을 느끼는 상황이 됐고, 이에 다들 부담감에 나의 변호를 꺼리는 상황에서 주진우 변호사에게 부탁해 선임계약을 하게 된 것이다. 이후 최 변호사는 고맙게도 나를 위해 로펌을 사직하고 변호인단에 합류했다.

최 변호사는 내가 검토해 달라고 보냈던 '편지'와 '대화록'을 삭제하며 "형, 보내 주신 자료는 삭제했어요"라는 문자 메시지를 보냈는데, 이미 대중에게 '편지'와 '대화록'이 모두 공개된 마당에 수사팀은 근거 없이 '증거 인멸'이라고 주장한 것이다. 또한 "이동재가 서초동에서 통화한 기록이 있다"라는 주장 역시 엉뚱한 얘기인 게, 최 변호사가 근무하던 로펌 사무실은 서초구 서초동에서 지하철역 5개를 더 지나야 나오는 강남구 삼성동에 있었다. 서초동과 삼성동도 구분하지 못하는 수사팀의 부당하고 황당한 변호인 입회 금지에 대해 우리는 헌법소원을 냈고, 대한변협 역시 "수사 기관이 부당하게 변호인 참여를 막아서는 안 된다"라는 의견서를 제출하며 수사팀의 행태를 지적하고 나섰다. 돌이켜 보면 말이 안 되는 상황이 바글바글하다.

다시 압수 수색 이야기로 돌아가 보자. 2020년 4월 28일 1차 압수 수색으로 집안은 난장판이 됐다. 속옷 서랍은 물론 화분 속, 전자레인지, 리모컨 덮개, 화장실 천장, 변기 뒤까지 샅샅이 뒤졌다. 심지어 냉동실 속 소고기마저 꺼내져 반으로 썰렸다.

"아니, 근데 소고기는 왜 썰어요? 구워서 드시게요?"

"아…. 확인을 해야 해서요."

상상이 되는가. 나와 한동훈 그리고 윤석열과 관련된 뭔가를 냉동 소고기 속에 넣었을 거란 놀라운 발상?

그날 나는 수사팀이 뒤졌던 그 전자레인지에다 냉동 음식을 데워먹은 뒤 쑥대밭이 된 집을 정돈했다. 다시 몸과 마음을 추스르려 했지만, 온몸을 타고 흐르는 분노와 모멸감에 잠을 이룰 수 없었다. 왜 정관계 인사들이 압수 수색 중 극단적 선택을 하곤 했는지 이해가 됐다. 평생 범칙금 한 번 내지 않고 살아온 칠순의 아버지는 "살다 보니 우리 가족이 압수 수색까지 당하는구나"라며 분통을 터뜨리셨다. 교육자셨던 할아버지와 금융인 출신의 아버지까지, 대대로 평범하고 착실하게 살아온 우리 가족에게 압수 수색으로 온 집안이 쑥대밭이 되는 광경은 그저 영화 속에서나 볼 법한 장면이었다.

숨은그림찾기

나에 대한 수사 목표는 명징했다. 한동훈 검사장과 윤석열 검찰총장. 좌파를 포함한 대다수 언론과 많은 국민이 인정하는 부분이다. 법조계에선 애초에 '이게 형사 사건이 되는지조차 의문'이라는 의견이 지배적이었지만, 이성윤의 서울중앙지검은 2020년 4월 28일, 대기업 범죄에나 투입할 만한 대규

모 수사 인력을 동원해 나와 관련된 모든 곳을 압수 수색했다. 그렇게 시끄럽게 들쑤신 압수 수색에서 한동훈과 윤석열을 엮을 만한 내용이 전혀 나오지 않자 수사팀은 다시 한번 무리수를 던진다.

분노와 불안 속에 한 달여를 보내던 2020년 6월 2일, 아침 9시에 모르는 번호로 전화가 걸려왔다.

"이동재 씨, 서울중앙지검 D 검사입니다. 안에 계시죠? (쿵쿵쿵!) 어서 문 여세요!"

"저, 지금 집에 없습니다. 건강검진 받으러 왔고요. 지금 수면내시경을 하려고 누웠는데, 대체 이게 뭐 하시는 짓인가요?"

각종 비리를 저지른 조국 전 법무부 장관 자택도 딱 한 번 압수 수색했는데, 내 아파트에는 수사팀이 한 달여 만에 두 번을 찾아온 것이다. D 검사도 '수면내시경'이라는 예상하지 못한 단어에서 크게 당황했는지 말을 잇지 못했다.

"아, 언제 집에서 나가신 겁니까? 우리가 아침부터 와 있었는데요?"

"아침 일찍 검사하는 거라 새벽 6시에 나왔는데요. 그런데 인간적으로 이건 아니지 않습니까? 나는 인권도 없습니까? 무슨 수사가 이런 식입니까?"

치밀어 오르는 화를 삼키며 변호인에게 연락해 압수 수색 개시 시간을 조율하고 부모님께 전화 드려 안심시켜 드렸다. 그 직후 수면내시경을 시작한 나는 '용종'까지 한 개 뗀 상태에서 서둘러 집으로 향했다. '이거 현실 맞나….' 나는 마취약이 완전히 깨지 않아 무의식중에도 치밀어오르는 분노를 떨쳐낼 수가 없었다.

의사는 죽 먹고 몇 시간 회복할 것을 권유했지만, 죽이 목구

멍으로 넘어가겠는가. 수사팀이 집 앞에 대기 중인 만큼 서둘러 집으로 돌아올 수밖에 없었다. 아파트 공동 현관 앞에 검정 승합차가 '우리는 이동재 집에 압수 수색하러 왔습니다'라고 광고하듯 주차돼 있고, D 검사와 수사관 5명이 대기를 하고 있었다. 살풍경한 광경에 주민들이 검찰 승합차 주변을 두리번거렸다.

"제가 이동재입니다. 식사는 하셨어요?"

"네. 점심 먹었습니다."

"수사팀은 좋겠네요. 저는 음식을 하나도 못 먹었는데. 어쨌든 집으로 올라가시죠."

검찰은 또 한 번 온 집구석을 뒤졌다. 겨우 정리했던 집안이 한 달 만에 또다시 전쟁터가 됐다. 또 한 번 속옷 서랍, 화분 속, 전자레인지, 리모컨 덮개, 변기 뒤까지 뒤집어 댔다. 다행히 이번엔 냉동실에 소고기가 없었다. 수육용 돼지고기와 닭가슴살이 있었는데 웬일인지 돼지와 닭은 썰지 않았다. 내가 또다시 압수 수색을 나온 이유를 물어보려는 찰나, D 검사가 몹시 쭈뼛거리더니 말을 건넸다.

"이동재 씨, 압수 수색할 곳이 한 곳 더 있습니다. 가족이 근처에 사시죠? 그곳도 압수 수색을 하게 됐습니다."

"아니 어떻게 그럴 수가 있습니까. 무슨 근거로 내 가족까지 괴롭힙니까? 참나, 이동재 관련 영장은 청구하면 모조리 다 발부됩니까?"

"그럴 만한 이유가 있어서…."

그럴 만한 이유가 무엇이었을까. 대체 또 뭐라고 써서 영장을 청구했기에 나와 관련된 영장은 이리도 쉽게 발부가 되는지 신기할 따름이었다.

"왜 MBC, 최강욱, 사기 전과자는 수사 안 합니까? 왜 MBC는 압수 수색 안 해요? 이 사건은 '권언 유착' 사건이에요. 지난번에 일부러 MBC는 기각되게 영장을 청구하더니 이번엔 아예 청구도 안 했네요?"

"아직 수사가 다 끝난 게 아니니까요. 이 기자님 마음은 충분히 이해합니다."

D 검사는 영혼 없는 답변을 이어 갔다. 정진웅 수사팀의 수사는 처음부터 끝까지 한결같았다. 그들은 초대형 금융 사기범이라도 수사하듯, 내 주변인들을 쥐잡듯 잡아댔다. 압수 수색 당시 수사팀은 내 가족의 노트북과 컴퓨터도 샅샅이 뒤졌다. 목표가 한동훈과 윤석열이었기 때문이다.

검찰은 휴대해 온 포렌식 장비를 가족 노트북에 연결했다. 일종의 포렌식 소프트웨어를 띄워 검색할 단어를 반복적으로 입력하는 방식이었는데, 수사관이 D 검사에게 "어떤 검색어를 입력하실 거냐"고 물었다.

"'한동훈'으로 쳐보시죠."

"음…. 안 나오는데요?"

"그러면 '한 검사장'으로 입력해 보시죠."

"그것도 안 나오는데요?"

"그러면 '동훈'으로 입력해 보시죠."

"그것도 유사한 게 안 나오는데요?"

"그럼 윤석열로 입력해 보시죠."

"그것도 안 나오는데요?"

"그럼 '윤'으로 쳐보세요."

정진웅 수사팀이 내 가족 노트북에 입력한 단어는 죄다 이런 종류의 것이었다. 수사팀의 수사 의도를 적나라하게 알 수 있어 얼굴이 화끈거렸다. 한동훈과 윤석열만 잡을 수 있다면 할 수 있는 모든 걸 다할 기세였다. 압수 수색을 끝내고 철수하는 D 검사에게 한마디 건넸다.

"수사가 공평하지 않게 진행되고 있으면 윗선에 한마디는 해야 하는 것 아닙니까? 그게 검사 아닙니까?"

"기자님 마음은 이해합니다. 그런데 솔직히 그런 검사가 있을까요?"

"윗선의 부당한 지시에 항명하다가 좌천됐던 사람 있잖아요. 몰라요? 지금 윤석열 검찰총장이 그런 검사 아닙니까?"

D 검사는 세상 머쓱한 미소를 짓더니 슬그머니 자리를 피했다. 그러나 검찰에 D 검사 같은 검사는 많지 않다. 생각보다 많은 검사가 직을 걸고 사명감으로 각자의 위치에서 일한다.

'검언 유착'으로 몰고
'꽃보직' 가자

기자 한 명 잡겠다고 서울중앙지검 검사만 10명 넘게 상시 동원됐다. 수사관까지 합치면 30명이 넘는 규모. 4개월간 춘천지검 전체 인력보다 많은 인원이 기자 한 명

사냥하는 네에 상시 투입됐다. 평범한 내가 하루아침에 '초대형 거물'이 됐다. 서울중앙지검장 이성윤은 5천억 원대 서민 피해를 낸 '옵티머스 사건'을 수사 중이던 반부패 수사2부 검사들까지 내 수사에 투입했다. 이동재의 가치가 5천억 원보다 높게 매겨졌다.

수사팀 구성을 놓고도 뒷말이 많이 나왔다. 호남 출신 검사들이 대거 배치됐는데, 서울중앙지검장 이성윤(전북 고창)을 필두로 이정현(전남 나주) 1차장, 정진웅(전남 고흥) 형사1부장으로 지휘부가 이어졌다. 추가로 투입되거나 수사에 관여한 신성식(전남 순천) 3차장, 전준철(전남 보성) 반부패2부장, 정광수(전북 전주) 조사부 부부장도 호남 출신이다. 장태형(전북 군산) 검사, 임진철(광주) 검사 등 평검사도 예외가 아니었다. 일반적으로 수사 시 최소한의 지역 안배는 하기 마련인데, 나를 수사하는 수사팀 구성을 두고 법조계에선 '향우회 수사'라는 비판이 나오기도 했다. 혹시라도 모를 내분의 여지를 아예 없애겠단 의도가 아니었나 싶다. 먼 과거의 이야기가 아니다. 바로 2020년의 일이다.

수사팀 내부에서도 수사 방향을 둘러싸고 불만을 제기하거나 다른 목소리를 낸 검사는 수사에서 배제했다. 지휘부는 천재인·방준성 검사를 본래 소속 부서로 복귀시켰는데, 이들을 팀에서 제외하며 "더 이상 추가 수집할 증거 등이 없다"라는 등의 이유를 댔다고 한다. 나에 대한 구속 영장 청구를 두고 수사 검사 9명 중 청구에 반대하는 의견이 6명으로 찬성 3명을 압도하던 상황이었다.[21]

---

21 '한동훈 수사에 부정적 의견 낸 검사 2명, 수사팀서 빠졌다',《조선일보》, 2020.7.31.

나에 대한 수사는 곧 '꽃보직'으로 이어졌다. 수사에 관여한 검사들은 다음 인사에서 한결같이 영전했다. 서울중앙지검 1차장인 이정현은 검사장으로 승진해 선거 등 '공안 수사'를 총괄하는 대검 공공수사부장이 됐고, 3차장인 신성식 역시 검사장인 대검 반부패부장으로 승진 후 대학(중앙대) 선배인 이재명의 수사를 담당하는 수원지검장으로 또 한 번 영전했다. 정진웅 형사1부장은 압수 수색 중 한동훈 검사장을 폭행했다는 '독직 폭행 사건'으로 기소되고도 광주지검 차장검사로 승진해 논란을 낳았다.

정진웅은 한 검사장의 휴대 전화 유심칩 확보를 위해 휴대 전화를 압수하는 과정에서 소파에 앉아 있던 한 검사장에게 몸을 날려 깔아뭉갰다. 한 검사장이 정진웅의 허락을 받고 변호인에게 전화하기 위해 휴대 전화 잠금 비밀번호를 푸는 모습을 증거 인멸 시도로 넘겨짚고 한 검사장에게 몸을 날려 전치 3주의 상해를 입힌 것이다. 이미 내 휴대 전화 유심과 SD카드 등에 대한 압수 수색을 끝낸 상황에서, 한 검사장 휴대 전화 압수 수색은 곧 윤석열 총장을 겨냥한 '별건 수사'로 받아들여졌다.

정진웅은 '피고인' 신분이 된 후에도 울산지검 차장검사로 인사 이동하기도 했는데, 검찰 역사상 좀처럼 찾아보기 힘든 인사였다.

내 공소장 작성에 '핵심' 역할을 했다고 알려진 전준철 반부패2부장은 전국 '특수통' 최고 요직인 서울중앙지검 반부패1부장으로 영전한 뒤 훗날 사건 양상이 바뀌자 돌연 사직했다. 정광수 부부장은 영동지청장으로 영전했는데, 훗날 전국 검사들이 법무부 장관 추미애를 비판하는 성명을 낼 때 지청장 중 유일하게 이름을 올리지 않은 인물이다. 이후 정 부부장은 최고 요직 중 한 곳인 '법무부 정책기획단' 검사로 인사이동했다. 그러던 그는 정권이 바뀌자 검찰 내부망에 '검수완박'을 비판하는 글을 올렸다. 김형원 부부장도 법조윤리협의회에 파견된 뒤 부장검사로 승진했다. 검찰은 외부기관 파견 검사를 엄선하여 선발하는데, 법조윤리협의회처럼 근무지가 서울인 경우엔 특히 경쟁이 치열하다.[22]

'독직 폭행 사건' 당시 정진웅의 압수 수색에 동행했던 장태형 검사는 2021년 초 핵심 보직인 '대검 연구관'으로 영전할 예정이었다. 이는 윤석열 총장에 대한 완전한 '모욕 인사'로 받아들여졌다. '한동훈 검사장을 감쌌다'라는 이유로 직무 정지와 징계 청구까지 당한 윤 총장 곁에 정진웅의 압수 수색에 동행한 검사를 두겠다니 이보다 더한 모욕이 없었을 것이다. 이를 뒤늦게 안 신현수 청와대 민정수석이 "윤석열 총장의 의견을 정상적으로 듣고 반영하라"라고 법무부에 강하게 주문했다. 그 결과 장태형 검사는 대검이 아닌 법무부 형사법제과로 발령 났다.[23] 물론 법무부 형사법제과 역시 평검사들이 갈망하는 핵심 요직이다.

---

22 채널A 수사팀 '영전' 반대한 대검 지휘 라인 '초토화', 《중앙일보》, 2020.8.28.

23 이성윤에 맞선 변필건 '핀셋 교체'… 신현수 "박범계 다신 안 본다" 휴가, 《조선일보》, 2021.2.19.

신도욱 검사는 서울중앙지검 범죄수익 환수부 부부장검사로 승진했다. 재경在京지검 부부장검사 자리는 평검사들에게는 선망의 자리다. 신도욱 검사는 급기야 이듬해 인사에선 '꿈의 자리'로 불리는 '주오스트리아 대사관'으로 자리를 옮겼다. 참고로 장태형·신도욱 검사는 나를 기소한 후에 윤석열 총장의 가족 관련 의혹을 다루던 '코바나 컨텐츠' 수사에 참여했다. 김지윤 검사는 정진웅과 함께 광주지검으로 이동했다. 광주지검은 수도권 근무 횟수를 채우고 지방으로 가야 하는 평검사들에게 가장 인기 있는 곳이다. 2년만 근무하면 지방 근무 연수를 채울 수 있고(부산·대구는 3년), KTX와 SRT를 이용해 수도권까지 1시간대에 도달할 수 있어서 특히 여검사들 사이에 선호도가 높다. 문재웅 검사는 박범계 장관이 신설한 중대 재해 관련 대검 연구관 자리로 영전했다.

반면, 나에 대한 구속 영장 청구와 기소에 반대 의견을 냈던 대검 형사부는 폭탄을 맞은 듯 초토화됐다.

이동재 전 채널A 기자의 구속 영장 청구와 기소에 반대 의견을 낸 대검 형사부는 초토화됐다. 실무진을 모두 해체해 지방으로 분산 배치했다. 박영진(31기) 대검 형사1과장은 울산지검 형사2부장으로 좌천됐다. 31기가 대체로 각 지검의 선임부장인 1부장을 맡은 것을 고려할 때 문책성 인사에 가깝다. 검찰 내부에서도 대검 과장의 지방 지검 2부장 보임은 이례적이라는 평가다. 특히 박 과장은 대검에 온 지 6개월밖에 되지 않았다. 윤석열 검찰총장은 법무부에 박 과장의 유임을 요청한 것으로 전해졌다. 본인도 잔류를 희망한 것으로 알려졌다. 공봉숙(32기) 형사2과장은 대전지검 여조부장으로 지방에 배치됐다.[24]

대검 형사부 인원 중 유일하게 중앙지검 수사팀을 지지하며 윤석열 총장과 대립했던 김관정 대검 형사부장(검사장)은 서울동부지검장으로 영전한 뒤 수원고검장으로 다시 한번 승진을 거듭했다.

대검 형사부장이었던 김관정의 경우 특별히 기억나는 일화가 있다. MBC가 이른바 '검언 유착'이라고 보도하기 두 달 전인 2020년 1월, 나는 김관정의 사무실에 찾아가 그와 대화를 나눈 적이 있다. 당시 뜨거운 이슈였던 조국 일가 '입시 비리'에 대한 대화였다. 당시 어떤 법조인을 만나 대화해도 조국 일가의 행태를 강하게 비판하는 목소리가 대부분이었는데 그의 반응은 상당히 달랐다. "강남에선 많이들 하는 거 아니냐"며 "지방대 교수들도 한다"라고 아무렇지 않게 말하는 그의 모습에 나는 적잖이 당황했다. 물론 개인이 특정 사회 문제를 어떻게 생각하든 그것은 자유고, 검사가 권력자의 비리 의혹을 나름의 논리로 옹호하는 것 역시 공감은 어렵지만, 그의 자유라고 할 것이다. 당시 나와 동행했던 법조팀 후배 기자가 이 대화를 녹음했는데, 압수 수색 포렌식 과정에서 정진웅 수사팀이 해당 녹음파일을 확인했을지 모르겠다.

---

24 채널A 수사팀 '영전' 반대한 대검 지휘 라인 '초토화', 《중앙일보》, 2020.8.28.

만약 확인했다면 수사팀 검사들이 조국을 옹호하는 대선배를 어떻게 생각했을지 심히 궁금하다.

한동훈의 연인

　　　　　　　　한두 번 정도 조사하고 끝날 거라던 주변 예상과 달리 정진웅 수사팀은 쉴새 없이 나를 소환했다. 수사 기록만 1만 8,000쪽이 넘었다. 프린터 토너값만 해도 족히 100만 원을 훌쩍 넘겼을 것이다. 나를 수사하기 위해 투입된 검사와 수사관 등의 급여, 속기사가 녹취를 푼 비용, 종잇값 등만 합쳐도 국민 혈세 수억 원은 너끈히 소모됐다. 서울중앙지검은 수천억 원대 대형 특수사건을 수사할 검사까지 투입해 나를 마르고 닳도록 수사했다. 무자비한 물량 공세에도 불구하고 성과가 나오지 않자 수사팀은 내게 '조롱'도 서슴지 않았다.

　김형원 검사가 나를 조사할 당시의 일이다. 나와 한동훈 검사장의 카카오톡 횟수를 두고 이런 말을 했다. "이 정도면 거의 연인 관계 아니야?" 모욕에 가까운 조롱의 말이었다. 김 검사의 발언에 옆자리에 앉았던 수사관도 "이 정도면 연인 관계네"라며 동조했다. 나는, 검찰 조직의 기강이 어쩌다 이 지경이 됐을까 하는 생각에 발끈하지 않을 수 없었다.

　"질문을 어떻게 그런 식으로 합니까? 방금 말씀하신 거 조서에다 적어주세요."

　"아니, 그러면 이동재 씨가 말한 다른 것도 글자 하나까지 다 적이야 합니까?"

본인들도 '큰 실수 했다' 싶었는지 난감해했다. 결국, 질문도 답변도 적지 않았다. 이 부분은 모두 영상 녹화돼 자료로 남아 있으니 절대 부인하지 못할 것이다.

나는 거의 매일같이 수십 명의 취재원에게 카카오톡 등으로 법조계 주요 언론 보도나 법조계 이슈를 물었고, 이에 대한 반응을 취합해 취재에 활용하곤 했다. 친정권 성향의 검사들도 '당연히' 포함됐다. 카톡 횟수로 연인 여부를 따진다면 나는 '연인'이 수백 명은 족히 넘는다. 당시 한동훈 검사장과 주고받은 대부분의 카톡 메시지는 추미애 법무부의 각종 개악改惡과 폭주에 관한 언론 보도였다. 나에 대해 먼지 한 톨까지 수집한 수사팀이 이 같은 사실을 모르고 질문했을 것으로 생각하지는 않는다.

흔히 '한동훈과 가깝다'라고 분류되는 검사들은 대부분 바쁜 보직이었던 데다 사교성이 활발하지 않은 경우가 많아 사적인 자리를 거의 만들지 않았다. 사실 한동훈 검사장과는 2020년 2월 13일 그가 근무하는 부산[25]까지 내려가 취재를 했어도 함께 김밥 한 줄도 먹지 않았다. 반면, 수사를 지휘하는 1차장으로 활동하며 나의 구속을 주도한 이정현과는 비슷한 기간에 함께 술도 마셨다.

---

25 대검 반부패강력부장(검사장)으로 근무하며 조국 일가 수사 지휘를 맡았던 한동훈은 2020년 1월 인사에서 검사장 중 한직에 속하는 부산고검 차장검사로 좌천됐다. 고검 차장검사는 검사장급이지만 수사권이 없고 일은 많은 자리. 같은 인사에서 조국 수사에 관여했던 송경호 중앙지검 3차장은 여주지청장으로, 울산시장 선거 공작 사건을 지휘했던 신봉수 중앙지검 2차장은 평택지청장으로 좌천됐다. 이후 송경호는 수원고검 검사, 신봉수는 서울고검 검사로 또 한번 좌천됨.

같은 해 4월 초엔 그가 남다른 자부심이 있는 고향 특산품 '홍어' 도 먹기로 약속돼 있었다. 홍어는 남도 잔칫상에 빠지지 않는 귀한 음식이다. 그러면 같은 잣대로 볼 때 이 정도 사이는 최소 '사실혼' 관계 정도 되는 걸까. 어쨌든 검사와 수사관이 자신보다 직위도 높고 나이도 많은 검사장을 조롱하는, 너무도 낯선 검찰의 모습을 보고 있노라니 혀를 차지 않을 수 없었다.

한편, 수사팀은 앞서 설명한 것처럼 '위법 압수 수색'을 하며 내 휴대 전화를 확보했다. 나는 《채널A》 내부 조사 협조를 위해 휴대 전화를 제출한 데다, 검찰이 여러 번 압수 수색을 해버리니 그때마다 전화기를 개통할 수밖에 없었다. 그 모든 휴대 전화를 검찰에 제출했다. 반면, 검찰은 이철의 '대리인'을 자청한 사기 전과자의 휴대 전화 통화 내역조차 끝내 재판에 제출하지 않았다. 검찰은 사기 전과자 딸 명의의 휴대 전화 통화 내역은 재판에 제출했으나, 내가 사기 전과자와 통화했던 연락처는 그의 딸 전화번호가 아니었다. 수사팀이 사건과 전혀 관계없는 엉뚱한 자료를 선별해 법원에 제출한 것이다. 사기 전과자는 나와의 만남 당시 본인 입으로 "제 연락처를 아는 사람이 없어요. 사실 이것도 전화 자체도 제 걸로 된 게 아니라 누구도 알 수가 없어요"라며 '차명 전화'라고 실토했었다. 권언 유착의 실체를 밝힐 만한 기록이 아예 법정에 등장조차 하지 못한 것이다. 뭐가 그리도 찝찝한 게 있기에 끝까지 제출을 안 했을까.

이동재의 진짜 팩트 체크

이동재 수사에 동원된 주요 검사들

- 이성윤(서울중앙지검장) 김관정(대검찰청 형사부장)
- 이정현(서울중앙지검 1차장) 신성식(3차장) 김욱준(4차장)
- 정진웅(서울중앙지검 형사1부장) 전준철(반부패2부장, 구속영장 청구 핵심 역할)
- 정광수 조사1부 부부장(불법 압수 수색), 김형원 형사1부 부부장 "한(동훈)과 연인 관계 아니야?", / 구속 영장 심사에는 불참)
- 신도욱 검사, 김지윤 검사, 나영욱 검사, 장태형 검사(마무리 조사, 정진웅 폭행 동행), 문재웅 검사, 임진철 검사 / 천재인·방준성 검사(이동재 영장 반대 → 수사에서 배제)

기타

김동현 영장 전담 부장판사(서울대 법대, 전주 영생고, 28기, 1971년생) - 이동재 구속
영장 발부(건국 최초 강요미수 구속).

심재철 대검 반부패강력부장(서울대 법대, 전주 동암고, 27기 1969년생) - 남부지검장
영전 후 'KBS 검언 유착 허위 보도 사건' 수사 2년간 뭉갬.

이동재를 수사했던 주요 호남 출신 검사들 영전·내역

이름과 직책	영전 직책
이정현 서울중앙지검 1차장(전남 나주)	대검 공안부장(검사장 승진)
신성식 서울중앙지검 3차장(전남 순천)	대검 반부패부장(검사장 승진) → 수원지검장
정진웅 형사1부장(전남 고흥)	광주지검 차장검사(차장 승진) → 울산지검 차장검사
전준철 반부패수사2부장(전남 보성)	중앙지검 반부패수사1부장
정광수 조사1부 부부장(전북 전주)	영동지청장 → 법무부 정책기획단 검사
장태형 검사(전북 군산)	법무부 형사법제과 검사

        What: 무엇이 사실인가?

6

참을 수 없는
존재의 무거움

윤석열의 '수사 지휘권'을
뺏은 추미애

　　2020년 7월 2일, 법무부 장관 추미애는 헌정 사상 두 번째로 전격 '수사 지휘권'을 발동한다. 이로써 나에 대한 수사는 역사에 또 하나의 '족적'을 남기게 된다. 대체 이 수사는 어디까지 흘러갈지 가늠조차 되지 않았다. 외계인까지 잡아 와 '이동재와 내통했다'라고 수사할 지경이었다.

　수사팀의 무리하고 편향된 수사가 이어지던 2020년 6월부터는 아예 '구속 영장 청구설'이 흘러나왔다. 나와 변호인은 법조인과 법률 전문가들로 구성된 '전문 수사 자문단' 소집을 요청했다. 광풍狂風 시대에 법률 전문가로부터 나에 대한 이 말도 안 되는 수사를 제대로 평가받고자 하는 취지였다. 윤석열 검찰총장은 수사 자문단 소집을 추진했다. 그러자 추미애가 느닷없는 수사 지휘권을 발동하며 윤석열 검찰총장을 나를 수사하던 사건 수사 지휘에서 배제해버렸다. 헌정 사상 두 번째 수사 지휘권 발동이었다.

검찰청법 제8조는 "법무부 장관은 구체적 사건에 대해 검찰총장만을 지휘·감독할 수 있다"라고 규정한다. 검찰 독립성 보장 차원에서 장관이 사건을 지휘하기 위해서는 총장을 통해서만 지휘하라는 취지다. 건국 후 문재인 정권 이전까지 수사 지휘권 발동 사례는 오직 한 차례, 2005년 노무현 정권 당시에 '6·25는 통일 전쟁'이라고 말해 국가 보안법 위반 혐의로 고발된 강정구 동국대 교수에 대해 천정배 법무부 장관이 '불구속 수사하라'라며 수사 지휘권을 행사했다. 당시 김종빈 검찰총장은 "정치적 중립의 꿈이 여지없이 무너져 내렸다"며 옷을 벗었다. 이후 사실상 사문화한 수사 지휘권을 15년 만에 추미애가 발동한 것이다.

추미애가 수사 지휘권을 발동하자 좌파 진영의 김어준이 또 한번 대중을 선동하고 나섰다. 김어준은 수사 자문단 소집을 강하게 비난하면서 최강욱이 창조한 가짜 뉴스를 또다시 함께 엮어 유포했다. 김어준은 자신이 하고 싶은 주장에 가짜 뉴스를 섞어 풀어내는 재주가 탁월했다.

김어준 그런데 2월에 벌어진 일을 7월인 지금도 제대로 수사를 못하고 있어요. 왜냐, 피의자인 채널A 이 모 기자가 검찰총장이 결정하는 검찰 수사 자문단 소집을 요구했는데, 그걸 받아줬거든요, 전례가 없는 일입니다. (중략)

좀 전에 얘기했듯이 채널A 이 모 기자가 "이철 전 대표에게 돈을 줬다고만 해라. 유시민 이사장에게. 나머진 다 알아서 한다. 검찰과 얘기가 돼 있다. 안 그러면 가족도 다친다" 이게 사건이에요.

_〈2020.7.7. TBS '김어준 뉴스공장'〉

같은 해 10월, 추미애는 라임자산운용의 로비 의혹과 윤석열 검찰총장 가족 의혹 사건에서도 수사 지휘권을 발동하며 윤 총장을 수사 지휘에서 배제했다. 특히 라임 의혹의 경우 1조 6천억 원대 피해를 내고 도주와 탈옥 시도를 일삼는 김봉현이 "(윤석열) 검찰 측으로부터 '민주당 정치인들과 청와대 수석비서관 정도를 잡아 주면 보석 재판을 받게 해 주겠다'라는 회유를 받았다"라는 옥중 편지를 공개한 후에 바로 수사 지휘권을 발동했다. 김봉현은 "과거 공개한 편지 내용은 거짓이며, 변호사의 조언 때문이었다"라고 2023년이 되어서야 뒤늦게 검찰에 진술했다. 코미디도 이런 코미디가 없다.

추미애 후임으로 법무부 장관이 된 박범계는 내가 1심에서 무죄를 받은 직후인 2021년 7월 19일 출근길에 기자들과 만나 '추미애의 수사 지휘권 발동이 무리했다는 지적이 나온다'라는 취재진 질문에 "전임 장관이 한 것을 내가 평가할 수는 없다"라며 말을 아꼈다. 같은 민주당인 박범계가 보기에도 추미애의 수사 지휘권 발동은 무리수였다고 판단한 듯했다. 추미애의 거듭되는 무리수는 전국 평검사 2,000명의 단체 행동을 불러왔고, 최초의 검찰총장 출신 대통령을 만드는 데 큰 자양분이 되었다.

'검언 유착'과
추미애 아들의 상관관계

"아이는 사실은 굉장히 많이 화가 나고 굉장히 슬퍼하고 눈물을 흘리고 있습니다. 더 이상 건드리지 말아 주셨으면 좋겠고요.", "법무부 장관에 대해서도 '검언 유착'으로 제가 보호하고 싶은 아들의 신변까지도 이렇게 낱낱이 다 밝히는데 참 대단하다 감탄하고 있는, 그런 참 '경이로운 세상'에 살고 있다고 생각하는데요."

_〈2020.7.1. 추미애, 국회 법제사법위원회〉

법무부 장관 추미애 아들의 군 휴가 미복귀 의혹이 터졌다. 수사팀의 '이동재 구속 영장 청구설'이 흘러나올 무렵이었다. 2020년 7월 1일 추미애는 국회에서 "아이가 눈물을 흘리고 있다"라며 뜬금없이 '검언 유착'을 찍어 붙였다. 목격자의 폭로로 불거진 추미애 아들의 군 휴가 미복귀 사건이 대체 '검언 유착'과 무슨 관련이 있단 말인가.

추미애의 아들 서 모 씨는 카투사로 복무하던 2017년 6월 5일부터 27일까지 부대 복귀 없이 연속으로 휴가를 썼다. 같은 부대 당직 사병이었던 현 모 씨는 "서 씨의 미복귀 사실을 확인하고 '택시든 뭐든 타고 복귀하라'라고 전화로 지시했는데, 통화 종료 20분 후 상급 부대 장교가 당직실로 찾아와 '서 씨를 미복귀가 아닌 휴가자로 처리하라'라고 지시했다고 폭로했다. 추미애는 자신의 보좌관을 시켜 부대에 연락해 이를 무마했다는 의혹을 받았다.

What: 무엇이 사실인가?

군 생활을 한 대부분 남성에게 이런 상황은 몹시 어색하고 낯설다. 유사한 상황에서 평범한 민초의 아들이라면 휴가 미복귀로 '탈영' 처리되고 군사 재판을 받았을 일이다. 실제 말년 병장이 원두커피를 마시고 싶어 근무지를 12분 이탈했다가 탈영으로 재판받은 사례도 있다.

추미애는 당직 사병 현 씨를 '아저씨'로 지칭하며 그의 폭로를 "카더라"라고 몰아세웠다. 27살이나 먹은 자기 아들은 졸지에 '아이'로 만들고, 26살의 남의 집 아들 당직 사병은 거짓말이나 하는 '아저씨'로 만들어버렸다. 추미애 아들 변호인단은 "악의적 허위 사실 유포가 계속될 경우 법적 책임을 묻겠다"라며 당직 사병 현 씨를 압박했다.

추미애와 똑같은 '58년생 개띠'인 나의 어머니는 아들이 수사를 받고 억울한 옥살이까지 하는 동안에도 혹여 심리적으로 동요할까 싶어 여간해선 감정을 드러내지 않으셨다. 그랬던 어머니가 추미애의 "아이가 눈물을 흘리고 있다"라는 발언을 접하고 딱 한 번 화를 터뜨리셨다. "남의 집 아들은 오만 가지 누명을 씌워 죽여도 괜찮고, 제 자식은 울고 있으니 건드리지 말라고?"

내가 구속된 열흘 뒤 추미애는 아들 수사와 관련해 국민의힘 윤한홍 의원의 질의에 "소설을 쓰시네"라며 격분했다. 이 장면을 구치소 TV를 통해 본 나는 그녀의 저속한 단어 선택에 실소가 절로 터져 나왔다. "소설을 쓰시네"라는 말은 한동안 세간에 상당한 비아냥거림의 유행어가 됐다. 여론이 어떻든 친문 검사로 불리던 김관정 당시 동부지검장은 조남관 대검차장의 '보강 수사' 의견을 무시하고 추미애와 보좌관, 그리고 그녀의 아들까지 모두 무혐의 처분을 내렸다. 추미애 말대로 '경이로운 세상'이었다. 이 사건은 뒤늦게 재수사 중이다.

그간 나는 추미애에 대해 언급한 적이 별로 없다. 나를 음해한 최강욱, 김어준, 유시민 등 책임을 물을 사람들이 워낙 많다 보니 추미애까지 신경 쓸 겨를이 없었다. 그보단 사실 나는 '드루킹 사건'을 취재했을 때 민주당에 핵폭탄을 터뜨리면서까지 사회를 바로잡으려던 추미애의 단호한 결정에 감탄했었다. 추미애가 공격했던 사람들은 대통령이 되고 법무부 장관도 됐다. 추미애에게 나만큼 공격당한 사람이 또 없을 테니 언젠가 크게 좋은 일이 있을 것으로 기대한다. 추미애는 검언 유착으로 울고 있었다던 그 아이와 함께 일단 수사부터 잘 받으시라.

혜택받는 자, 못 가진 자

저녁 식사 전 휴대 전화 진동이 쉴 없이 울렸다. 확인해 보니 '속보' 수십 개가 떴다.

[속보] "검찰, 이동재 채널A 기자 구속 영장 청구"

2020년 6월 말부터 내게 구속 영장을 친다는 소식이 들리더니 급기야 7월 15일 저녁, 서울중앙지검이 영장을 청구했다는 기사가 쏟아졌다. 대검 형사부 실무진과 수사팀 인원 다수의 반대에도 나를 구속하려 한다는 내용이었다. 나중에 알고 보니 정진웅 수사팀 내부에서도 내게 구속 영장을 치면 안 된다는 목소리가 훨씬 많이 나왔다고 한다. 그도 그럴 것이 대한민국 건국 이래, 아니 단군 이래 '강요미수'라는 죄명을 단독 적용해 구속한 사례는 '전무'한 상황이었다. 하물며 강요죄 '기수'로 구속된 경우도 1년에 1건밖에 없었다.

> 이른바 '검언 유착' 의혹 사건 수사팀이 채널A 기자에 대해 구속 영장 청구 방침을 밝힌 가운데, 올해 강요죄로 구속된 피고인이 1명뿐인 것으로 확인됐다. 강요 미수죄 단독 혐의로 구속된 사례는 사실상 없는 셈이어서, 수사팀의 영장 청구 방침이 매우 이례적이라는 지적이 가능하다. (중략) 혐의가 상대적으로 가벼운 강요 미수죄는 따로 통계를 잡지 않는다. 강요죄 구속자가 1명에 불과한 점을 감안하면 강요 미수 혐의로 구속된 피의자는 사실상 없는 것으로 받아들여진다. 강요죄로 기소되는 경우도 강요 한가지 혐의만으로 재판에 넘겨지는 경우는 드물다.[26]

정권에 찍힌 사람에게는 이런 희한한 일이 가능한 세상. 대체 나는 그 처음이 되는 역사에 몇 번이나 더 이름을 남기는 걸까. 주위에선 구속된 전례가 없다며 나를 위로했지만, 정치 권력과 검

---

26 [단독] '검언유착' 무리한 영장 청구 확인… 올해 강요죄 구속 '1명', 《헤럴드 경제》, 2020.7.1.

찰, 어용 언론이 나선 상황에서 '저들은 못 할 짓이 없다'라는 생각이 뇌리를 스쳤다. 구속 영장 심사 날까지 남은 이틀 동안 나는 공납금 납부 방식을 자동이체로 바꿨고, 혹시 모를 상황을 대비해 신변정리를 했다.

한편, 내 사건 영장 전담 판사는 이성윤·심재철과 동향의 김동현(연수원 28기) 부장판사였다. 다수의 법조계 인사들은 "검찰이 특정 판사의 근무 날을 골라 영장을 청구한 것 같다"라고 관측했다. 설마 검사라는 사람들이 그런 행동을 했으리라고는 생각하지 않는다.

2020년 7월 17일, 드디어 구속 영장 심사 날이 밝았다. 나는 잘 다린 양복에 아끼는 파란색 실크 넥타이를 매고 짧은 머리에 왁스를 듬뿍 발랐다. 떳떳한 만큼 주눅 들지 않고 당당한 자세로 임하기로 했다. 아들 걱정에 뜬눈으로 밤을 지새우신 부모님과 간단한 아침 식사를 했다.

아버지 우리도 법원에 가 볼까?

나 오지 마세요. 건국 이래 구속된 전례가 없어요. 다녀올게요.

아버지 워낙 이상한 세상 아니냐. 윤석열이랑 한동훈 죽이려고 너에게 무슨 짓인들 안 하겠냐.

"다녀올게요"라는 약속을 지키는 데 202일이나 걸릴 줄이야. 나는 집을 나서서 지하철에 몸을 실었다. 열차가 동호대교를 건너는데 따사로운 여름 햇살이 한강에 비추며 쪽빛으로 출렁거리는 모습이 유달리 아름다웠다. 평소에는 눈에 들어오지도 않던 것들이 그날따라 눈에 꽉 찼다. 그렇게 서초역에 내려서 서울중앙지검까지 걸어 올라간 뒤 호송 차량으로 갈아타고 법원에 도착했다. 카메라 수십 대와 취재진이 나를 에워쌌다. 쏟아지는 카메라 플래시에 눈을 뜰 수가 없었다.

불과 얼마 전까지만 해도 나는 그 자리에서 취재 기자로서 수많은 정관계 인사들의 출석 장면을 목격했었다. 복잡한 마음이 교차했다. 심호흡을 크게 한번 쉰 후 걸음을 떼는 순간, 근심 어린 표정으로 나를 바라보는 낯익은 취재진의 모습에 감정의 회오리가 일었다. 취재 기자가 아닌 신분으로 거기에 서 있는 내 모습에 쓴웃음이 났다. 막막하고 먼, 나와는 무관한 세계의 질서에 갇힌 듯했다.

구속 영장 심사는 1시간여 동안 진행됐다. 형사1부장 정진웅을 비롯해 신도욱, 장태형, 김지윤 등 약 6~7명 정도의 검사가 법정에 출석했던 것 같다. 집을 1차 압수 수색했던 문재웅 검사 모습도 보였다. 그렇지만 조사를 주도했던 김형원 검사는 등장하지 않았다. 법원에 모습을 드러내지 않은 검사들은 대체로 영장 청구에 반대하지 않았을까 싶다.

정진웅이 직접 프레젠테이션을 하며 강한 억양의 사투리로 나의 구속 필요성을 강조했다. PPT에 조잡한 애니메이션을 잔뜩 넣어 시대에 뒤떨어진 느낌이었다. '요즘 누가 저렇게 촌스럽게 PPT를 만드나' 하는 생각과 함께 수사팀이 준비한 논리에 헛웃음이 나왔다. 정진웅의 프레젠테이션 내용은 대충 이러했다.

> "피의자 이동재는 이철의 '행복 추구권[27]'을 침해했습니다. 이동재는 휴대 전화 여러 대를 사용할 정도로 증거를 인멸하고 있습니다. 실형을 받을 가능성이 '매우' 높은 만큼 구속하지 않으면 도피할 가능성이 높습니다."

수사팀은 PPT에 비행기 그림까지 동원해 내가 도피하는 장면을 형상화했다. 억울하고 결백한 내가 왜 도피를 한다는 건지. 얼마나 근거가 빈약하면 중형이 확정된 1조 원대 금융 사기범의 '행복 추구권'까지 언급하고 나서는지 알만했다. 수사팀은 내가 《채널A》 내부 조사에 협조하려 휴대 전화를 제출한 뒤 부모님의 휴대 전화를 빌려 쓰다가 최소한의 일상생활을 위해 새로 전화를 개통한 것까지 '증거 인멸'이라고 포장했다. "이동재가 구속돼야 한동훈·윤석열을 잡을 수 있다"라는 말을 법정에서 차마 대놓고 말하기는 어려웠으리라.

영장 전담 판사가 수사팀의 주장을 듣다가 물었다.

> **영장 판사** "압수 수색은 이미 다 했고. 그런데 왜 구속하려고 하는 거죠? 구속하려는 이유가 뭐예요?"

---

27 '모든 국민은 인간으로서 행복을 추구할 수 있다'라는 헌법적 권리.

What: 무엇이 사실인가?

검사들은 서로 얼굴을 멀뚱히 쳐다봤다. 7~8초간 침묵이 흘렀다. 침묵을 먼저 깬 것은 D 검사였다. 짐짓 당황한 듯 과장된 손동작을 하며 자리에서 벌떡 일어나 톤 높은 목소리로 말했다.

D 검사 그렇습니다. 말씀대로 그것이 가장 중요한 것입니다. 그렇기에 이따 따로 서면으로 제출하도록 하겠습니다.

몇 달 동안에도 준비가 안 된 나에 대한 구속 이유가 무슨 수로 재판 후 '이따'가 생성될지 궁금했다. 수사팀이 영장에 '악마의 편집'을 하였음은 말할 것도 없고, 영장 의견서에 내가 이철을 겁박하기 위해 '송경호 검사와 신봉수 검사와도 공모했을 가능성이 있다'라고 기재한 것을 나중에야 알게 됐다. 정진웅 수사팀은 문재인 정권 치하에서 시퍼런 권력의 비리를 수사한 검사면 어떻게든 나와 엮었다.

검찰 관계자는 "당시 이성윤 지검장, 이정현 1차장, 정진웅 형사1부장, 전준철 반부패2부장 등을 제외한 수사팀 검사 대부분이 반대 의견이었지만 이 지검장이 영장 발부를 위해 무리하게 밀어붙인 것"이라며 "이는 영장 발부에 영향을 쳤고 판사도 영장 발부 사유에 그런 뉘앙스를 풍겼다"고 했다.[28]

28 [단독] 이성윤, 한동훈 통화한 검사들까지 채널A 사건 엮으려 했다, 《조선일보》, 2020.12.21.

송경호 검사는 '조국 일가 비리 사건', 신봉수 검사는 '울산시장 선거 개입 사건'의 수사 책임자였다. 송경호 검사는 조국 비리 수사 당시 내 단독 기사를 보고 직접 전화해 "어디서 듣고 썼냐"며 강한 불만을 토로했던 인물이다. 신봉수 검사는 울산시장 선거 개입 사건과 관련해 내가 외부에서 취재한 내용의 '오보 여부'를 확인하려 통화한 적이 있는데 "말단 공무원조차 소환을 몇 달째 거부한다. 도대체 수사할 수 있는 게 없다"라며 자신의 신세 한탄만 하다가 전화를 끊었다. 문재인 정권에 거슬리는 수사를 했던 사람은 전부 "이동재랑 유착했다"라고 몰아세운 뒤 제거하려 했다. 연산군 시절, 사초를 트집 잡아 사림파를 대대적으로 숙청한 '무오사화戊午士禍'의 살풍경이 2020년에도 반복될 줄 누가 짐작조차 할 수 있었을까. 일단 이동재를 잡아 주리를 틀면 한동훈과 윤석열을 숙청할 수 있으리라 생각했을 것이다.

훗날 내가 1심에서 무죄 선고를 받았을 때 D 검사는 주변에다 "나는 수사팀에 이름만 올렸고 한 게 없다"라는 식의 말을 했다고 한다. 수사팀의 J 검사 역시 동료들에게 비슷한 이야기를 털어놨다고 한다. 그러면, 대체 나를 수사했던 검사는 누구란 말인가. 귀신이라도 출몰했단 말인가.

나름 고참급인 D 검사와 J 검사는 문 정권 치하에서 요직으로 영전했다. 검사라면 누구나 한 번쯤 꿈꿨을. 이런 검사들이 승진은 참 잘하더라.

조국 수사 지휘 라인 조직도

한동훈 대검 반부패 강력부장
양석조 대검 선임연구원
송경호 중앙지검 3차장
고형곤 반부패수사 2부장
강백신 반부패수사2부 부부장

조국 수사 지휘 라인
▶ 모두 좌천

문재인 정권 의혹 사건 수사한 주요 검사들 좌천 내역

- 한동훈(조국 수사) 대검 반부패강력부장 → 부산고검 차장검사
  → 법무연수원 연구위원 → 사법연수원 부원장
- 양석조(조국 수사, 상갓집 항명) 대검 반부패·강력부 선임연구관
  → 대전고검 검사
- 송경호(조국 수사) 서울중앙지검 3차장 → 여주지청장
- 고형곤(조국 수사) 서울중앙지검 반부패수사2부장 → 대구지검
  반부패수사부장
- 강백신(조국 수사) 서울중앙지검 반부패수사2부 부부장 →
  통영지청 부장검사
- 신봉수(靑 울산시장 선거 개입 수사) 서울중앙지검 2차장 → 평택
  지청장
- 김태은(靑 울산시장 선거 개입 수사) 서울중앙지검 공공수사2부
  장 → 대구지검 형사1부장
- 홍승욱(유재수 감찰 무마 수사) 서울동부지검 차장 → 서울고검
  검사
- 이정섭(유재수 감찰 무마 수사) 서울동부지검 형사6부장 → 수원
  지검 형사3부장
- 이정환(라임 사태 수사) 서울남부지검 2차장 → 대구지검 1차장
- 김영기(신라젠·라임 사태 수사) 서울남부지검 증권범죄합동수사
  단장 → 광주지검 형사3부장
- 정진기(정진웅 독직 폭행 감찰·수사) 서울고검 감찰부장 → 대구
  고검 검사

7

조작이라는 아편,
"모든 게 새로운 기록이었다"

단군 이래 첫 구속 영장 발부

나를 겨눴던 수사는 대한민국 사법 역사의 새로운 기록이었다. 31년 만의 언론사《채널A》에 전격 압수 수색이 가해졌다. 헌정 사상 두 번째 수사 지휘권 발동에 이어, '강요미수'라는 희한한 이유를 붙여 단군 이래 최초의 구속 영장도 청구됐다.

법원에서 영장 실질 심사를 마친 뒤 파란색 법무부 호송용 승합차를 타고 경기도 의왕의 서울 구치소로 이동했다. 승합차가 인덕원역 인근을 지날 무렵 어머니께 전화를 드렸다. 숨조차 제대로 쉬지 못하고 계실 어머니가 걱정이었다. 걱정하지 말라는 나의 말이 어머니로선 슬픈 확인에 지나지 않겠지만, 모성의 질긴 인내로 버텨 내실 거라 믿었다.

나 역시 한편으론 믿는 구석이 있었다. 나에게 적용된 '강요미수'라는 이상한 혐의로 구속된 사례가 없었을 뿐더러, 영장 실질 심사는 누가 봐도 일방적인 우리의 '압승' 분위기로 끝났다. 통상적인 상황이라면 영장 기각 후 홀가분한 마음으로 집에 돌아가면 되는 일이었다.

건물 2층보다 높은 거대한 철문 안으로 승합차가 들어섰다. 구치소 내부에 도착하니 '영치'라고 쓰여 있는 조끼를 입은 중년 남성이 흡사 다람쥐처럼 빠릿빠릿한 동작으로 양복과 휴대 전화, 지갑 등 휴대 물품을 접수했다. 그는 영치품 관리를 담당하는 기결수였다. 이내 구치소에서 제공하는 트레이닝복으로 옷을 갈아입었다. '빨래 좀 하지. 냄새 더럽게 많이 나네…' 트레이닝복 곳곳에 알 수 없는 얼룩이 묻어 있었다. 개의치 않으려 했다. 몇 시간만 입고 다시 밖으로 나가면 되는 거였다.

교도관은 영장 발부 여부가 결정될 때까지 대기할 독방으로 안내했다. '드르륵' 전자음과 함께 문이 잠기는 소리가 났다. 기분이 묘했다. 구속된 신분도 아닌데 문까지 잠그다니. 별도의 시설인 줄 알았으나 일반 수용자들이 사용하는 사동 한구석에 있는 독방이었다. 독방은 숨을 쉴 수가 없었다. 양팔을 가로로 뻗을 수 없는, 고시원 절반 크기로 공황장애에 걸리기 딱 좋은 방이었다. 영화 '인디애나 존스' 속의 한 장면처럼 사방의 벽면이 내게로 밀려와 덮치는 느낌이 들었다.

호흡을 가다듬고 정신을 차려 보니 다행히 벽에 TV가 걸려 있었다. 벽에 기댄 채 SBS 오후 〈8시뉴스〉를 시청하고 있는데, '이동재 기자가 구속 영장 심사를 받았다'라는 보도가 흘러나왔다. '이

미친 나날들이 과연 현실이란 말인가.' 어떤 게 꿈이고, 어떤 게 현실인지 '구운몽'의 한 장면처럼 분간이 안 될 지경이었다. 오후 9시가 되자 TV가 꺼지고 9시 30분에는 밝은 전등마저 꺼졌다. 사방이 쥐죽은 듯 조용해졌다. 그렇게 멍하니 누운 채로 10분쯤 지났을까. 교도관의 발소리가 내가 머무는 독방 문 앞에서 멈췄다. 나도 슬슬 밖으로 나갈 채비를 하려 몸을 일으켰다.

교도관 이동재 씨, 영장 발부됐습니다. 여기 종이에 지장 찍어주세요.
나 뭐요? 이게 어떻게 발부가 됩니까? 아니, 이게 말이….

나에게는 대한민국 건국 1호 강요미수 구속 영장도 발부되는 대한민국이었다. 온몸의 피가 일순간에 차갑게 식어버리는 느낌이었다. 단군 이후로 한반도에 첫 기록을 남긴 사람이 됐다. 내 이름이 포털 검색순위 1위에 올랐다. 영화 같은 현실 속에서, 감정을 억누르며 아들을 기다리고 계실 부모님이 이 미친 상황을 받아들일 수 있을지 걱정됐다.

김동현 영장 전담 판사는 법조 기자단에게 "검찰 고위직과 연결해 피해자를 협박하려 했다고 의심할 만한 상당한 자료들이 있다", "언론과 검찰의 신뢰 회복을 위해서라도 현 단계에서 구속 수사가 불가피하다고 판단된다"라는 이례적으로 긴 발부 사유를 밝혔다. 나 역시 여러 해 법조계를 취재했지만 이런 영장 발부 사유는 처음이었다. 그 판사가 말한 '상당한 자료'는 나도 수사팀도 못 봤는데 대체 그 자료는 어디에 있는 것일까.

사회 각계각층의 비판이 쏟아졌다. 《조선일보》 보도[29]에 따르면, 한 고등법원 부장판사는 "언론과 검찰의 신뢰 회복은 영장 발부 사유와 아무 관련이 없다"라며 "중립성이 생명인 판사가 한쪽으로 기울어져 있다는 인상을 주기에 충분하다"라고 했다. 다른 부장판사는 "영장 판사가 이 사건은 검언 유착 사건이라 전제하고 판단한 것 같다"라며 "법원 전체에 흙탕물을 뿌리는 행동이다. 부끄럽고 황당한 사유"라고 했다. 진중권 교수는 "조국을 옹호하기 위해 만들어진 정치적 프레임 '검언 유착'이 '검찰 개혁'의 미명 하에 권력 비리에 대한 수사를 덮는 데 사용돼 왔다"라며 "이 프레임이 영장 판사의 판단에까지 영향을 끼친 게 아닌가 하는 느낌이 든다"라고 말했다.

구치소 밖에서 연신 줄담배를 피우며 내가 풀려나길 기다리던 동료들은 영장 발부 소식에 충격을 받고 울면서 집으로 돌아갔다. 마음을 다잡으려 했지만 나도 인간인지라 쉽지 않았다. 뜬눈으로 첫 밤을 보냈다. 미친 현실 속에서 앞으로 어떻게 헤쳐 나아가야 할지 답이 보이지 않았다. 그렇게 난 202일간의 구치소 생활을 시작하게 되었다.

---

29 영장 판사 "검·언 신뢰 회복 위해 구속"… 법조계 "판사가 여당 대변인 같다", 《조선일보》, 2020.7.20.

모욕을 견뎌 내는 매뉴얼

구속 이튿날, 사실상 모든 언론에서 나에 대한 구속 영장 발부 소식을 다뤘다. 강요미수라는 희한한 죄목의 구속에 언론도 충격으로 받아들였다. 반면 MBC를 비롯한 일부 언론은 나에 대한 영장 발부를 기회로 자신들이 만든 '검언 유착' 프레임에 더욱 박차를 가했다. 내 소식을 전하는 MBC 뉴스 소리가 옆방 벽을 뚫고 들려왔다. 기자의 목소리가 유난히 익숙해 채널을 돌리니,《채널A》에서 MBC로 이직한 나의 옛 사수 A 선배의 목소리였다. MBC는 수백 명의 자사 기자들을 놔두고 왜 하필《채널A》출신인 A 선배에게 '이동재 구속' 보도를 시켰을까. 자신도 'MBC 일원'임을 증명하려는 듯한 그의 음성엔 평소보다 힘이 잔뜩 들어가 있었다. 유치하고 잔인했다. MBC는 늘 기대 이상으로 그로테스크했다.

당시 '코로나 19'로 모든 수용자는 구속 초반 2주간을 독방에 격리돼 갇혔다. 특별 대우를 해 주는지 같은 사동의 20여 개 방 중 내 방에만 CCTV가 달려 있었다. 교도관은 "정신적 충격을 받아 돌발 행동할 우려가 있는 경우 CCTV방에 수용한다"라고 설명했다. 내가 취하는 모든 행동이 CCTV를 통해 동물원의 원숭이처럼 생중계되었다. 그나마 교도관들의 말 한마디가 조금이나마 위안이 됐다. 정년을 앞뒀던 한 교도관은 종종 나를 찾아와 응원했다.

"동재 씨, 잠 좀 잤어?"

"1시간 반 정도 잔 것 같은데 악몽을 다섯 번은 꾼 것 같네요."

"언젠가 다 밝혀질 테니까 힘내자고. 복수도 기운을 내야 하는 거야. 그 XX이 새끼들한테 반드시 복수하라고."

불안과 스트레스, 밤새 켜져 있는 흐릿한 조명 탓에 깊은 잠을 자는 게 어려우니 유난히 꿈을 많이 꿨다. 구속 초반엔 평균 두 시간 정도 잠을 자면서 대여섯 개의 꿈을 꿨다. 지인들이 차례대로 꿈에 등장하는가 하면 10년, 20년 전 있었던 일들이 마치 어제 일처럼 상세히 묘사됐다. 나중엔 아예 꿈속의 내가 누런 수용복을 입고 등장했다. 나는 밤이 두려웠다. 많은 꿈을 꾸는 바람에 극심한 불면증에 시달렸다.

구속된 상태에서 검찰 조사를 받으러 갈 땐 호송 버스에서 하차한 뒤 검찰청사 내 구치감에서 대기했다. 이곳 역시 사람을 비참하게 만드는 건 마찬가지였다. 5제곱미터 내외의 구치감 방 안에는 격벽이 없는 변기가 있고, 바닥엔 밥 먹을 때 식탁처럼 사용하는 택배 상자 하나만 덩그러니 놓여 있다. 복도 쪽으로 나 있는 철문엔 손바닥만한 구멍만 뚫렸다. 한 명씩 방으로 들어간 뒤 본인의 조사 순서가 올 때까지 대기한다. 차가운 맨바닥에 앉아서 연자주색으로 도색한 철문을 쳐다보고 있노라면 숨이 콱 막혔다.

조사를 마치고 구치감에 돌아오면 옷을 모두 벗은 채 검사를 받았다. 혹시라도 검사실에서 가지고 나온 물건이 없는지 확인했다. 더러 이상한 짓을 하는 흉악범이 있어서 절차상 해야 하는 일이었지만 수치심이란 이루 말할 수가 없었다. '내가 여기서 왜 이 짓거리를 당해야 하나' 싶다가도 '정신 줄을 놓으면 안 된다'라는 생각에 구치감 한구석에 놓인 성경을 읽고 또 읽었다. 그렇게 마음을 다스리곤 했다.

수사팀은 쉴 틈 없이 나를 불러댔다. 수감 이틀째 되는 날부터였다. 다른 사람들은 조사를 받지 않는 주말이라 나 홀로 호송용 승합차를 타고 서울중앙지검으로 갔다. 양 팔목에 수갑이 채워지고, 온몸에 포승줄이 감겼다. 화가 다스려지지 않아 분통을 터뜨리니, 나와 동갑의 인상 좋은 교도관이 나지막한 목소리로 위로했다.

"동재 씨 힘내세요. 우리나라 최고 부자(*이재용 삼성전자 회장)도 제가 호송해 봤어요. 그분은 항상 웃는 얼굴로 먼저 안부를 묻고 침착했어요."

"아니, 그 양반은 재산이 10조가 넘잖아요. 어떻게 재벌이 나랑 같습니까?"

"그러니 더 고민이 많겠죠. 그분도 고생 많이 했어요. 동재 씨도 정신만 차리면 이길 수 있어요. 동재 씨도 이재용처럼 잘 견뎌 냈다고 소문을 남겨야죠."

"하, 말 참 그럴듯하게 하시네."

동갑의 교도관이 했던 말은 내가 정신 줄을 다잡는 데에 적잖게 영향을 줬다. 실제로 훗날 재수감된 이 회장을 구치소에서 마주쳤는데, 사람들에게 먼저 웃으며 인사하는 모습이 인상적이었다. 나 역시 "이동재 기자는 강한 사람이다. 억울한 세월을 잘 참고 끝내 이겨 냈다"라는 말을 남기고 싶어 이를 악물었다.

도둑맞은 진실

　　　　　　　202일간 수사와 재판으로 스물네 번 온몸이 결박당한 채 서초동을 오갔다. 그 정도 수모는 얼마든지 견딜 수 있었다. 어떻게든 한동훈 검사장과 윤석열 검찰총장을 끌어들여 잡아야 했던 수사팀은 변함없는 내 태도에 속이 탔을 것이다. 정진웅은 내가 구속되자마자 간첩 등 '공안 사범'에게나 적용하는 '서신·접견 금지' 조처를 내렸다. 그들은 나를 극한의 상황으로 몰아넣으면 한동훈 검사장과 윤석열 검찰총장을 엮을 수 있을 거로 생각했겠지만, 당장 내 힘든 상황을 모면하겠다고 없었던 일을 만들 수는 없었다.

"이동재 씨? 서울중앙지검 형사1부 정진웅 검사가 '접견·서신 금지' 했거든요. 기소 때까지 20일간 서신·수신·발신 금지되고, 가족 접견도 안 됩니다."

"네? 왜요?"

"나도 몰라요. 혹시 공범이 엄청 많아요? 마약 사범은 아니고, 아니면 공안 사건인가. 사실 요즘 이런 경우가 거의 없긴 한데…."

"하, 진짜 사람 죽이는 방법도 가지가지네. 집에 통보해 주시고, 너무 걱정하시지 말라고 전해 주세요."

구속 영장 실질 심사에서 1조 원대 금융 사기범의 '행복 추구권'까지 주장하던 정진웅이 아니던가. 그랬던 그가 내게는 인간의 기본적인 권리마저 박탈했다. 이틀 후면 접견에서 부모님을 뵐 수 있었는데 그걸 막아버린 정진웅이었다. 분노에 심장이 거세게 널뛰기를 해댔다. 나는 그렇다 쳐도 가족과 지인들의 마음고생은 또

이찌할까. 아무것도 할 수 없는 내 처지가 한심스러우면서 고통의 무게가 내 발밑으로 수북이 쌓이는 듯했다. 정권에 '찍힌 사람'을 다루는 수사팀의 현실이었다.

나는 심호흡을 가다듬으며 자신에게 주문을 걸었다. 불편도 특권이다. 마음의 자리를 그렇게 두고 나니 한층 나아졌다. 그나마 도중에 수사 검사가 상부에 건의해 가족 접견 금지는 해제됐다.

인터넷으로 접견 예약하는 방법을 몰랐던 아버지는 접견 금지가 해제됐다는 소식을 듣고 직접 구치소로 오셨지만, 예약 시간을 넘겨 허탕을 치셨다. 조사 도중 변호인의 수화기 너머로 희미하게 "구치소 도착했는데 이미 문을 닫았네요"라고 말씀하시는 아버지의 목소리를 듣자니 감정이 북받쳤다. 심장이 아파 왔다.

접견은 한 번에 한 명만 허락됐다. 첫 주 접견은 어머니가 오셨다. 어머니는 유리 벽을 사이에 두고 아무 말도 꺼내지 못한 채 그저 눈물만 흘리셨는데 수용번호가 적힌 누런색 수의를 입은 내 모습에 적잖이 충격을 받은 듯했다. 내 마음이 헝클어졌다. 들끓는 분노와 함께 반드시 도둑맞은 진실을 찾아야겠다는 마음이 용광로처럼 뒤엉켰다. 도둑맞은 진실을 찾는 게 우선이었다. "엄마, 나 장교 출신이야. 이 정도는 아무것도 아니야. 밥도 잘 먹고 괜찮아. 그러니 엄만 건강만 잘 챙기셔"를 당부드리고 접견은 끝나버렸다. 그때를 생각하면 여전히 끓어오르는 화를 참을 수가 없다. 교도관은 항상 접견실 구석에 앉아 드라마 '모래시계' 속 최민수의 면회 장면처럼 내가 하는 말 한마디 한마디를 수첩에 기록했다. 하고 싶은 말을 할 수가 없었다.

수사팀은 구속 기간 20일을 꽉 채운 뒤에야 나를 기소했다. 그
제야 '수신 금지'돼 쌓여 있던 서신 수십 통을 한 번에 넘겨받을
수 있었다. 가족, 친척, 친구, 동료 기자 등 많은 이들이 보내온 편
지를 읽자니 코끝이 찡해졌다. 9척 담장 너머엔 나를 응원해 주는
수많은 사람들이 있었다. 평소 간이라도 빼줄 듯 굴던 이들에게
된통 뒤통수를 맞으며 인간의 바닥을 본 나였다. 동시에 나를 위
해 발 벗고 나서 준 사람이 그보다 몇십 배는 더 많다는 사실도 확
인한 시간이었다. 주변 사람들과 동료 기자들의 응원이 없었다면
그 무간지옥의 시간을 어찌 견딜 수 있었을까.

한편, 상시 주 6회 허용되던 접견은 내가 구속됐을 시기엔 '코로
나 19'로 인해 주 1회만 허용됐다. 이후 확진자가 늘어나면서 두 달
넘게 접견이 전면 중단되기도 했다. 가족이나 지인과의 접견은 물
론 통화조차 한 달간 중단됐다. 인간으로서 응당 누려야 할 최소한
의 기본권마저 처절하게 말살당했다. 문재인이 "방역을 너무 잘해
서 질문이 없냐?"라고 자못 진지하게 자랑하던 그 시절이었다.

구속 기간 중 2주 격리 기간을 제외한 내내 8제곱미터가 조
금 넘는 '강력 사범 혼거실'에서 5명이 지냈다. 다른 방은 때때로
3~4명이 생활하기도 했는데, 내가 있던 방은 항상 5명을 꽉 채운
상태로 운영됐다. 몸을 온전히 펼 수 없을 정도로 비좁았다. 룸메
이트들이 "젠장, 동재가 정권에 찍혀서 5명 쓰는 거 아니야?"라고
농반진반으로 말하곤 했다. 추악한 권력은 내가 그곳에서 처절하
게 무너지길 원했겠지만, 나는 '방장'을 맡아 하루하루 삶의 의지
를 다지며 버텼다.

KBS, 날조의 칼날

구속 이튿날 밤, 한 교도관이 나를 찾아와 걱정하듯 물었다.

"동재 씨, 부산에서 나눈 '총선 공모 발언'이 '스모킹건'이라면서요?"

"아니, 그게 뭔 개소리에요? 어떤 놈이 그런 말 같지도 않은 소리를 합니까?"

"KBS에서 자세히 보도했던데? 그거 때문에 구속됐다고. 사실 아니에요?"

대체 이게 무슨 소리일까. 나는 부산에서 총선의 'ㅊ'도 발언한 적이 없는데. 다음 날 검찰청에 조사를 받으러 가니 주진우 변호사가 출력해 온 기사를 건넸다. '총선'을 앞둔 2020년 2월, 내가 부산에서 한동훈 검사장을 만나 유시민의 신라젠 주가 조작 연루 의혹을 제기하자는 '공모'를 했다는 허위 보도였다. 그것도 메인 뉴스 KBS 〈뉴스9〉에서 비중 있게 다뤘다.

"KBS가 허위 보도를 했어. 기사 뽑아왔으니 봐 봐요. 황당해서 우리가 아예 녹취록을 전면 공개했어요."

"미쳤네요. 대체 누가 어떻게 개입해야 이런 날조 보도가 나오나요. 이게 '검언 유착'이네요."

정연욱 앵커 전 채널A 기자 이동재 씨는 지난 '총선'을 앞두고 한동훈 검사장을 만났는데, 이 자리에서 두 사람이 유시민 노무현재단 이사장의 신라젠 주가 조작 연루 의혹을 제기하자고 '공모'한 '구체적인

정황'이 KBS 취재를 통해 확인됐습니다. (중략)

이정은 기자 이동재 전 기자 구속에 결정적인 스모킹건이 된 건 지난 2월 이 전 기자와 한동훈 검사장이 나눈 대화 녹취였습니다. (중략) KBS 취재를 종합하면 이 전 기자는 총선에서 "야당이 승리하면 윤석열 총장에게 힘이 실린다"는 등의 유시민 이사장 관련 취재 필요성을 언급했고, 한동훈 검사장은 돕겠다는 의미의 말과 함께 독려성 언급도 했다는 겁니다. "유시민 이사장은 정계 은퇴를 했다. 수사하더라도 정치적 부담이 크지 않다"라는 취지의 말도 했는데, 총선을 앞두고 '보도 시점'에 대한 이야기도 오간 것으로 '확인'됐습니다. 법원이 이 사건을 단순한 강요미수가 아니라고 본 이유입니다. (중략) 윤석열 총장의 입지도 한층 좁아지게 됐습니다.

_〈2020.7.18. KBS '뉴스9' 기사〉

어떤 식으로 취재해야 이렇게 한심하고 정치적인 '날조' 보도를 할 수 있을까. 왜 이들은 기자의 기본인 '팩트 체크'를 전혀 하지 않았을까. 최소한 내 변호인에게 확인을 한 번이라도 해야 하는 게 맞지 않나. 세상 어떤 언론이 이따위 보도를 한단 말인가. 도무지 이해가 되지 않는 대목이다. KBS 〈뉴스9〉 정연욱 앵커는 허위 보도로도 성에 차지 않았는지 클로징 멘트에서 '훈계'까지 해댔다.

정연욱 앵커 검언 유착 의혹과 관련해 이동재 전 채널A 기자와 한동훈 검사장의 공모 정황, 오늘 자세히 전해드렸습니다. 언론의 자유를

'특권'으로 오해한 적은 없는지, 언론 소비자들은 언론인들에게 묻고 있습니다. 9시 뉴스 마칩니다.

정연욱은 KBS 유튜브 채널에서도 나에 대한 허위 사실을 유포하며 '기자 직함을 가진 인간'이란 멸칭으로 조롱도 서슴지 않았다. 날조와 허위 보도의 자유를 'KBS의 특권'으로 오해한 적은 없는지 그들에게 묻지 않을 수 없다.

언론사에 수치로 남을 이 허위 보도의 출처는 검찰임이 분명했다. 그중에서도 물 만난 물고기처럼 설치고 다니는 한 줌의 정치 검사였을 터. 수사팀에 KBS의 허위 보도를 거론하며 항의했다.

> **나** 내가 '야당이 이겨야 윤석열한테 힘이 실린다' 했다고요? '총선'을 앞두고 한동훈 검사장이랑 '보도 시점'까지 조율했다고요? 아예 대놓고 허위 사실 유포하기로 했습니까?
>
> **검사** 우리도 모르는 일입니다.

모르는 일이긴. 2년 넘게 끌다 2023년 1월 발표된 수사 결과에서 전 서울중앙지검 3차장이었던 신성식(현 법무연수원 연구위원)과 KBS 법조팀의 합작품이었던 것으로 드러났다. 그야말로 '검언 유착의 교과서'다. 공소장에서 신성식은 KBS 기자에게 이렇게 말한다.

> **신성식** 구속되면 이동재가 한동훈을 안 불겠어?

안 그러면 자기만 다치는데. 구속되면 한동훈으로 타고 올라가게 될 가능성이 높아.

그들이 누구를 잡으려 수사를 시작했고, 나를 구속한 후 허위 사실을 '창조'하면서 정권의 사냥개 역할을 어떻게 했는지 적나라하게 드러내는 대목이다. 목적 달성을 위해서라면 국민 한 명 정도는 인격 살인해도 상관없다고 여긴 듯했다. '사람이 먼저다'라고 떠들며 인권을 강조하던 그 시절은 정작 군사 정권 때도 상상할 수 없는 일을 벌였다. 혹여 내가 극단적 선택을 하면 한동훈과 윤석열을 어떻게든 죽이려 들었을 것이다. KBS 허위 보도 직후 신성식은 전국 특별수사(특수)를 지휘하는 요직인 대검 반부패강력부장(검사장)으로 승진했다.

KBS를 비롯한 일부 언론은 내가 아무 이유 없이 부산을 방문해 한동훈 검사장과 대단한 일이라도 한 것처럼 몰아갔지만, 당시 내가 한동훈 검사장을 방문했던 일은 단순한 취재를 위한 거였다. 윤석열 검찰총장의 첫 지방 순시 일정인 부산고검 출장을 취재하러 간 것이었다. 당시 수사권 조정을 놓고 법무부 장관 추미애와 충돌이 있었던 만큼 윤 총장에게 관심이 쏠린 건 사실이었다. 10곳이 넘는 다수의 언론사 기자가 부산을 방문했다. 그러나 MBC는 이를 두고 '이동재-한동훈… 2~3월에 무슨 일이?'라는 제목의 리포트를 만들며 공작의 냄새를 풍겼다.

한편, 부산에 동석했던 후배 기자는 나와 상의 없이 당시의 대화를 몰래 녹음했다. 수사팀은 후배 기자 휴대 전화에서 이 녹음

파일을 확보한 뒤 '짜깁기'와 '악마의 편집'을 거쳐 공모의 증거처럼 영장 청구서와 공소장에 적었다. 정진웅 수사팀은 아마도 이 파일이 대중에게 전부 공개될 것을 예상하지 못했던 것 같다. 녹취록 전문이 공개되지 않았다면 지금도 대중은 나와 한동훈 검사장이 '선거 공작'을 했다는 KBS의 새빨간 허위 보도를 그대로 믿고 있을 것이다. 대중에게 공개된 전문에서도 알 수 있듯 나와 한 검사장이 나눈 대화는 심플하다.

> **한동훈** 관심 없어. 그 사람 밑천 드러난 지 오래됐잖아. 그 1년 전 이맘때쯤과 지금의 유시민의 위상이나 말의 무게를 비교해 봐.
>
> **이동재** 지금은 뭐 그냥 누구냐, 변○○ 수준이죠.
>
> **한동훈** 변○○ 보다 아래 아니야?

총선 얘기가 어디에 나오고, 보도 시점이 대체 어디에 나온단 말인가. 한편, KBS는 이튿날 부랴부랴 해당 리포트를 삭제하며 〈뉴스9〉에서 '사과 같지 않은 사과'를 했다.

> **정연욱 앵커** 저희 KBS 취재진은 다양한 취재원들을 상대로 한 취재를 종합해 당시 상황을 재구성했지만, 기사 '일부'에서 정확히 확인되지 않은 사실이 단정적으로 표현된 점 사과드립니다.
>
> _〈2020.7.19. KBS '뉴스9'〉

멘트 어디에 나와 한동훈 검사장에게 사과한다는 내용이 있는

가. 그렇다고 시청자에게 사과한 건가? '사과의 대상'조차 정확하게 알 수가 없다. '다양한 취재원'을 언급한 것 역시 신성식 외 다른 공범이 있다는 고백이다. 진중권 교수는 "'기사 일부'가 아니라 기사 전체가 허위"라며 "이놈의 정권은 허위·날조·왜곡·공작 없이는 유지가 안 되나 보다"라고 일갈했다.

조국은 KBS의 허위 보도가 나가자마자 자신의 페이스북에 이를 공유하고 나와 한동훈 검사장의 얼굴을 합성한 사진까지 올렸다. 이튿날 KBS가 허위 보도를 시인하자, 조국은 페이스북의 글을 슬그머니 지웠다. 조국 수준에 딱 어울리는 행동이었다.

공영 방송 KBS는 보도에 관여한 기자들에게 경징계만 내렸다. 당시 법조팀장은 '감봉 1개월', 법조반장과 사회부장은 '견책' 처분만 받았다. 이뿐인가. 허위 보도 당사자인 이정은 기자는 인사발령문에 고지되지 않는 '견책 미만의 징계'를 받았다. 조국 전 장관 일가의 '자산관리인' 보도 당시엔 유시민의 한마디 지적에 KBS 법조팀이 해체됐다. 그렇지만 희대의 허위 보도에 대해선 솜방망이 처분에 그쳤다는 지적이 거셌다. 심지어 허위 보도를 했던 KBS 기자가 직접 내 재판을 참관하기까지 했다.

1년이 지나 열린 민사 소송 공판에서 KBS 기자 측은 "주장의 주된 취지는 보도 내용이 허위 사실이 아니라는 것"이라며 "최선을 다해 사실 확인을 한 후 보도를 했기에 주의 의무 위반도 없었다"라고 강조했다.[30] 그럼 리포트는 왜 지우고, 사과 방송은 왜 했

---

30 '검언 유착' 의혹 보도 KBS 측 "허위 사실 아냐", 《세계일보》, 2020.6.25.

What: 무엇이 사실인가?

는기? "최선을 다하고 사실대로 보도해서 죄송하다"라는 의미일까. 아무리 생각해도 전형적인 "술은 마셨지만 음주 운전은 안 했다"라는 논리였다. 심지어 KBS 측은 "이동재 기자 공소장에는 실제 보도에 포함된 내용이 자세하게 기재돼 있다"라며 "다음 달 이 기자 판결을 봐야 허위 사실인지 여부를 결론 낼 수 있을 것"이라고 '2차 가해'를 이어 갔다. 알다시피 편지나 녹취록은 물론 공소장 그 어디에도 KBS의 허위 보도와 유사한 문구조차 없다.

아마도 이들은 문재인 정권하에서는 볼 것도 없이 나에게 유죄 판결이 내려질 것으로 믿고 2차 가해를 이어 간 것 같다. 공영 방송이 국민을 얼마나 우습게 여겼으면 이런 황당한 소리를 당당하게 할 수 있는 것인가.

KBS 노동조합(비민노총)에 따르면, 허위 보도한 기자들의 최소 5천여만 원의 소송 비용을 KBS가 지급했다고 한다. KBS 역사상 최악의 허위·날조 보도 대응에 국민의 수신료가 쓰여도 되는가? KBS는 국민에게 강제 징수한 수신료를 가지고 성실히 수신료를 내는 국민과 소송을 하고 있다.

김동현 부장판사는 이동재에 대한 구속 영장 발부 사유로 "취재 목적을 달성하기 위해 검찰 고위직과 연결해 피해자를 협박하려 했다고 의심할 만한 상당한 자료가 있는 점, 매우 중대한 사안임에도 피의자와 관련자들은 광범위하게 증거를 인멸해 수사를 방해한 점, 향후 계속적으로 증거를 인멸할 우려가 높은 점" 등을 들었다. 그러면서 "실체적 진실 발견, 나아가 언론과 검찰의 신뢰 회복을 위해서라도 구속 수사가 불가피하다"라고 덧붙였다.

→ 영장 판사가 이동재와 검찰도 갖고 있지 않은 '의심할 만한 자료'가 있다고 판단. "실체적 진실 발견과 언론과 검찰의 신뢰 회복"이라는 문장을 썼다. 이는 대한민국 영장 심사에서 한 번도 등장한 적이 없는 문장이다. 김동현 판사는 오히려 영장 심사 당시 검찰에 "왜 (이동재를) 구속하려고 하는 거예요? 증거 인멸도 앞으로의 증거 인멸을 말하는 건데…." 라고 물었다.

8

좀비들의
생존 전략

진짜 검언 유착 일당의 종말

KBS에 위와 같은 허위 사실을 알려 준 검사로 이미 2020년 7월부터 신성식이 지목된 상황이었다. 고소·고발된 이 사건은 '친문 검사'로 불리던 심재철이 검사장으로 있던 서울남부지검에 배당된 뒤 2년 넘게 답보 상태였다. 신성식은 2020년 국정감사는 물론, 학교(중앙대) 동문 기자들과의 사적인 자리에서 KBS 허위 보도 연루 의혹을 부인했다. KBS 기자들이 다 뒤집어쓰고 아무 말도 안 할 거라 판단했던 것인지, 아니면 정권이 영원하리라 생각했던 것인지는 잘 모르겠다. 당시 서초동엔 이재명이 대통령 되면 그의 대학 동문 신성식이 법조계 최고 실세가 될 거란 소문이 파다했었다.

신성식에 대한 수사는 2022년 8월이 되어서야 본격적으로 진행됐다. 정권 교체 후 검찰 인사가 단행돼 심재철이 서울남부지검장에서 물러난 뒤였다. 검찰은 신성식의 사무실 등을 압수 수색했고, 허위 보도에 연루된 KBS 기자들을 소환 조사했다. 혐의를 전면 부인하던 신성식은 검찰이 물증을 제시하자 혐의를 일부 인정했다고 한다. 검찰이 KBS 기자의 노트북과 휴대 전화에서 신성식이 허위 내용을 전달한 정황이 담긴 자료를 확보했기 때문이다.

KBS 기자들이 자신들의 허위 보도 책임을 덜기 위해 수사에 협조한 상황이라 신성식도 마땅한 방법이 없었을 터. 신성식은 "기억은 안 나지만 이렇게 말한 것 같다. 피해자에게 미안하게 됐다"라고 진술했다. 신성식은 한동훈 검사장의 법률 대리인에게 "사과 자리를 만들어 주면 사과하겠다"라고 전했고, "이동재 기자에게도 사과하고 싶은데 연락처를 알려 달라"며 문자 메시지를 보냈다고 한다.[31] 그래서 내가 신성식의 사과를 받아줬을까? 사과는커녕 나는 아무런 연락도 받지 못했다.

2023년 1월 5일, 서울남부지검은 신성식과 KBS 법조팀장이었던 이승철 기자를 나와 한동훈 검사장의 명예를 훼손한 혐의로 불구속 기소했다. 보도에 관여한 KBS 법조팀의 다른 기자 2명은 기소 유예 처분했다. 허위 보도 2년 반 만이었다. 기소된 신성식은 반성 대신 "검찰권이 사적으로 남용된 것은 아닌지 심히 의심된다"라며 "사실 관계나 법리적으로나 도저히 납득할 수 없다"라

---

31 '무고하다' 입장문 낸 신성식, 檢 조사 땐 "한동훈에 사과하고 싶다", 《조선일보》, 2023.1.5.

고 말했다. 사과하겠다던 사람이 갑자기 "납득할 수 없다"라고 하는 건 대체 무슨 심리일까. 법조계에서는 신성식이 구속을 면하려 검찰 조사에서 사실 관계를 인정한 후에 불구속 기소가 되자 돌연 태도를 바꾼 것 아니냐는 분석이 나왔다.

한편, KBS는 자사 기자가 기소되자 "언론 자유 침해 소지"를 언급하며 유감을 표명했다. 공영 방송과 친문 고위 검사가 공직자인 한동훈 검사장과 평범한 국민 한 사람을 엮어 '선거 공작'의 누명을 씌워 인생을 파괴하려 한 일이 언론 자유 침해 소지라니. 이게 어떻게 '언론 자유'의 영역인지 나로서는 좀처럼 이해하기 어렵다.

신성식과 KBS 법조팀 기자들은 한때 찰떡궁합이었다. 그들의 공소장엔 신성식이 수개월을 면담과 전화 통화 등으로 KBS 기자들과 수시로 접촉하며 수사 상황과 각종 정보를 제공한 대목이 적나라하게 등장한다. 추미애 법무부와 일부 완장 찬 언론이 나서서 '법조 기자와 검사'의 접촉을 죄악시하더니, 친정권 성향의 언론 KBS와 신성식 검사는 예외였던 모양이다. 나에 대한 구속 영장이 발부된 그날 밤에도, 신성식은 KBS 이정은 기자에게 직접 전화를 걸어 마치 개선장군처럼 말했다.

신성식 (영장) 발부됐잖아. 내가 얘기해 줬잖아. 다른 것들이 좀 있어. 많이. (중략)

이정은 MBC 보도보다는 그럼 공모 이런 게 더 구체적이라고 보면 돼요?

신성식 그렇지. 내가 그때 이 기자 앉혀놓고 '팁'을 주려고 얘기했는데도 안 믿으려고 그러더라고. 아니 계속 '에이 설마' 김○○ 기자도 그랬어.

_〈신성식·KBS 법조팀장 공소장 중 발췌〉

KBS 이정은 기자는 신성식으로부터 '팁'을 받는 그런 사이였다. 구속 이튿날에도 두 사람의 통화는 계속됐다.

신성식 이번 총선에서 어찌 됐든 야당이 승리하면 총장한테 힘이 실리고. 현 정부는 레임덕이 오고. 요 구도를 짜고 간 거야. (중략) 언론 권력과 검찰 권력이 짜고 일반 민심을 한쪽으로 오도시켜서 판세를 뒤집으려고 한 거거든.

_〈신성식·KBS 법조팀장 공소장 중 발췌〉

다른 기자나 다른 검사도 자신들하고 비슷한 부류로 생각한 걸까. "민심을 오도시킨 언론 권력과 검찰 권력"이라는 자기 고백성 발언을 접하니 쓴웃음이 절로 나왔다. 그러나 이렇듯 단란하게 유착했던 이들의 관계는 나란히 기소되면서 완전히 틀어진다. 신성식 측은 "KBS와 사적인 대화한 것으로 기사화한다는 사정을 몰랐다"면서 "KBS가 기사화 과정에서 객관적인 검증을 하지 않아 오보가 발생한 것"이라며 강하게 KBS 탓을 했다. 반면, 기소된 KBS 이승철 기자 측은 "검찰 간부가 기자에게 거짓 정보를 제공할 것이라 예견할 수 없었다"라며 신성식에게 책임을 돌렸다. 그들의 밀월 관계는 딱 거기까지였다.

한동훈 '폭행',
'막장'으로 치닫다

구속 2주째, 한 7번째 조사쯤 됐을
까. 포승줄에 묶여 호송차를 타고 검찰청에 끌려간 날이었다. 이
날 조사를 맡은 장태형 검사의 표정이 흡사 저승사자 같았다. 오
히려 표정은 내가 안 좋아야 정상인데 왜 검사 얼굴빛이 저 모양?
가정에 우환이 있나 싶어 궁금하던 찰나, 내 변호인 김정훈 변호
사가 조사 시작 전 면담에서 경악할 얘기를 꺼냈다.

"정진웅 부장이 사고 쳤어. 어제 압수 수색하러 가서 한동훈 검
사장 폭행했어."

"뭐? 검사가 사람을 때려? 그것도 상급자를? 나한테 뻥 치는 거

한동훈 측과 서울중앙지검 양측 주장을 토대로 재구성한 장면.
삽화 출처: 《조선일보》, 2020. 7. 30.

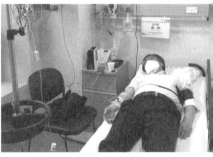

독직 폭행 논란 직후 병원을 찾은 정진웅.
사진 출처: 서울중앙지검 제공.

아니지?"

사실이었다. 문재인 정권 검찰, 이성윤의 서울중앙지검에선 못하는 일이 없었다.

2020년 7월 29일, 정진웅은 한동훈 검사장의 휴대 전화 유심칩을 압수 수색하는 과정에서 폭행(특가법상 독직 폭행)한 혐의로 재판에 넘겨졌다. 수사팀원이던 장태형 검사 역시 정진웅의 압수 수색에 동행했는데, 폭행 현장에서 본인은 정진웅의 행위에 가담하지 않았다고 해명했다.[32] 정진웅은 1심에서 징역 4월에 집행 유예 1년과 자격 정지 1년을 선고받았다. 2심 재판부는 정진웅에게 무죄를 선고하면서도 "직무 집행이 정당했다고 인정하는 취지는 아니다. 영장 집행 과정에서 자신의 부족했던 부분과 피해자가 겪어야 했던 아픔에 대해 깊이 반성하면서 성찰할 필요가 있다"라며 그를 강하게 질책했다.

정진웅은 폭행 사건 당시 의미 있는 사진을 남겼다. 그는 "긴장이 풀리면서 팔다리 통증 및 전신 근육통으로 정형외과를 찾았고, 의사가 혈압이 급상승해 큰 병원으로 가보라고 하여 모 종합병원 응급실에서 치료 중"이라며 서울성모병원 응급실에 누워 있는 사진을 법조 기자단에 뿌렸는데, 온라인상에서 가수 신정환이 동남아 원정 도박 사실을 덮기 위해 벌인 '뎅기열 환자 쇼'에 비유되며 상당한 인기를 끌었다.

진중권 전 동양대 교수는 이를 두고 SNS에 "정진웅 부장께서

32 '초유의 검사 육탄전' 공방 계속… 한동훈 "협조했는데 일방폭행", 《뉴스1》, 2020.7.29.

뎅기열로 입원하셨다고. 빠른 쾌유를 빕니다. 힘내서 감찰받으셔야죠"라고 올리기도 했다. 폭행 사건 당일, 최훈민 기자[33]는 같은 병원을 찾아 팔다리 및 전신 근육 통증을 호소하며 응급실 이용 여부를 문의하다 거절당하는 영상을 유튜브에 올렸다. "안에 환자가 너무 많아서 누울 자리가 없다. 낮에는 (자리가) 더 없다"라는 게 병원 측의 설명이었다. 정작 정진웅은 병원 응급실에서 '코로나19' 검사를 받고 퇴원했다.

장태형 검사는 정진웅의 돌발 폭행 건으로 심한 스트레스를 받았는지 조사실에서 뜬금없이 내 발언을 문제 삼기도 했다. 조사 도중 장 검사가 관련 자료를 찾느라 3~4분 정도 시간이 비는 상황에 변호인이 내게 사건과 무관한 기사를 보여 줬다. 기사 속 등장인물의 행동이 웃기고 한심해서 내가 변호인에게 "한심한 새끼"라고 말하자, 장 검사가 돌연 나를 노려보며 쏘아붙였다. 그의 '삼백안三白眼'이 유난히 희번덕거렸다.

장 검사 지금 나한테 '씨발새끼'라고 했어요?

나 아니 세상에 어떤 조사받는 사람이 검사한테 욕을 합니까. 어차피 영상 녹화되어 있으니 재생해서 확인해 보세요.

엄연히 영상 녹화가 돼 있는 까닭에 장 검사는 더는 나를 몰아세우지 못했지만, 조서에는 "이동재가 검사에게 '씨발새끼'라

---

33 현 《조선NS》 기자.

고 하다"라고 적었다. 세상엔 참 다양한 종류의 검사가 있었다. 그때부터 장 검사는 "아", "어", "음" 등 내가 발언하는 사소한 '추임새' 하나까지도 조서에 모두 기재했다. 그나마 영상 녹화를 안 했으면 어땠을지 모골이 송연하다. "MBC와 최강욱 등 권언 유착 수사는 왜 안 하냐?"라고 묻는 내게 "이동재 씨 때문에 다른 수사를 못 하고 있어요"라고 화를 내며 짜증 섞인 목소리로 대답하던 장 검사. 면담 도중엔 조급함을 드러내며 "이거 분명 재수사 들어간다고 본다. 저희도 감찰을 받을 수도 있다"라는 말을 남기기도 했다. 많이 늦긴 했지만, 조금씩 그의 예측대로 되고 있다.

검찰 수사심의위원회

2020년 7월 24일, 나에 대한 사건의 기소 여부·수사 방향을 '권고'하는 '검찰 수사심의위원회'가 개최됐다. 정진웅 수사팀의 수사 적정성을 묻기 위해 내가 신청했던 '전문 수사 자문단' 절차를 추미애 법무부 장관이 '수사 지휘권'을 발동해 중단시킨 상황이었다. 문재인 정권이 '검찰 수사의 중립성과 투명성을 높이기 위해 수사와 기소의 적정성을 심의한다'라는 목적으로 도입한 '수사심의위'는 상대방인 이철 측이 신청해서 열렸다.

수사심의위는 '부의 심의위원회' 절차를 먼저 거친 뒤 개최 여부가 결정된다. 법조계에선 부의 심의위에서 이철의 신청을 받아들이지 않을 것이라는 관측이 다수였다. 의아한 일이다. 딩시 언론은 "이철 측이 소집 요청서와 의견서에 '이동재가 피해자(이철)의 배우자에게도 수사 과정에 협조하지 않으면 구속돼 실형을 선고받는 등의 해를 입을 수 있다는 메시지를 전달했다'라며 적시했다"라고 보도했다.[34] 그러나 나는 이철의 배우자와 대면으로든 유선상으로든 어떠한 접촉도 한 적이 없었다. 이 절차가 어떤 식으로 진행될지 짐작하고도 남았다. 어이없는 상황 속에서 나는 참가 의사를 밝히고 직접 '수사심의위'에 출석하기로 했다.

수사심의위가 예고되자 또다시 집요한 허위 사실 유포와 여론전이 파노라마처럼 펼쳐졌다. 2019년부터 '검찰이 본인과 노무현재단 계좌를 불법 추적했다'라고 허위 발언을 해대던 유시민이 수사심의위 당일 아침에 MBC 라디오 〈김종배의 시선집중〉에 출연해 "'조국 사태' 와중에 제가 '알릴레오'를 진행했을 때, 대검에서 실시간으로 모니터링했다"라며 "그래서 '얘 이대로 놔두면 안 될 것 같다. 뭔가를 찾자'해서 노무현재단 계좌도 뒤진 것 같다"라고 허위 사실을 유포했다. 기대를 저버리지 않는 유시민과 MBC였다. 유시민의 허위 사실 유포에 또 MBC가 동원됐다.

검찰은 허위 사실을 유포한 유시민에게 징역 1년을 구형했고, 2022년 6월 9일, 서울서부지법은 유시민에게 벌금 500만 원을 선고했다.

---

34 [단독] 이철 "전 채널A 기자, 아내에게도 협조하지 않으면 실형" 압박 주장, 《세계일보》, 2020.6.29.

수사심의위가 알려지지 않은 제도였던 만큼 사전 정보는 거의 없었다. 서울 구치소 역시 수사심의위 호송은 처음인 만큼 교도관들도 유달리 긴장한 모습이 역력했다. 나는 깔끔하고 당당한 모습을 보이고 싶어 누런 수용복 대신 구속 영장 실질 심사 때 입고 왔던 양복으로 갈아입었다. 그 상태에서 수갑을 차고 포승줄에 몸이 묶인 채 법무부 호송용 승합차에 올랐다. 30분쯤 달려 대검찰청에 도착하니 카메라 수십 대와 방송사 중계차가 대기 중인 것이 눈에 들어왔다. 《채널A》 취재 차량이 '빵!' 하고 경적을 울리며 나를 맞이했다.

> **교도관** 동재 씨, 그래도 채널A가 힘내라고 한마디 하는 거 같네요. 카메라에 혹시 찍힐 수 있으니까 수갑 위로 이거 헝겊 덮어 줄게요. 긴장하지 말고 오늘 잘하세요."

몇 번 나를 호송하며 안면을 튼 교도관들이 나름의 배려를 해 줬다. 호송차는 기자들에게 둘러싸여 30초 정도 움직이지 못하다 대검 지하 주차장으로 들어섰다. 나는 교도관들에게 둘러싸인 채 엘리베이터를 타고 대검찰청 꼭대기 층으로 올라갔다. 너무도 익숙한 건물의 냄새와 풍경이 나를 맞이했다. 꼭 무슨 귀신에 홀린 듯했다. 자꾸만 그 생각을 떨쳐낼 수가 없었다.

30쪽 정도 되는 의견서를 수사심의위에 제출하고 25분간 의견 개진, 15분간 질의응답 하는 식으로 짧은 절차가 이뤄지는데, 이철 측이나 수사팀과의 접촉을 막기 위해 각각 분리된 방에서 심의시간///시 대기했다. 나는 화장실에 갈 때도 수갑을 차고 교도관과 동행했다. 애초에 나는 수사심의위라는 제도 자체를 신뢰하지 않았다. 별다른 기대 없이 차례를 기다렸다.

학계, 법조계, 언론계, 시민단체, 문화예술계 등 사회 각 분야 전문가 200여 명 중에서 15명을 추첨해 각 사건의 현안 위원이 선정된다고 하는데 현장 도착 후 수사심의위원 명단을 보니 사건을 제대로 이해할 만한 법률 전문가는 몇 명 되지 않았고, 보수보다는 좌파 인사의 비율이 상대적으로 더 높아 보였다. 법률 전문가만으로 구성되는 전문 수사 자문단과 상당히 차이가 컸다.

'과연 이분들이 사건이나 제대로 파악하고 있을까.'

변호인이 프레젠테이션을 마치고 현안 위원들 앞에 서서 15분간 질의응답 시간을 가졌다. 나에게 긍정적인 질문도 있었고, 부정적인 질문도 있었다. 사건을 제대로 숙지하지 못한 건지 혹은 세뇌가 됐는지 연달아 김어준 주장과 유사한 질문을 해대는 위원도 있었다. 지방에서 올라온 한 시민단체 인사는 내게 주야장천 비판적인 질문을 했다.

"왜 검찰 조사에 불응하고 있어요?"

"전혀 아닙니다. 저는 빠짐없이 조사에 응했습니다."

"검찰 수사를 방해해서 문제가 되고 있잖아요."

"사실과 다릅니다. 저는 최선을 다해 협조하고 있습니다."

나는 구속 전이나 후에도 수사팀의 모든 소환 요구에 즉각 응했다. 부르는 대로 재깍 출석했으니 이보다 더 수사에 협조하려야 협조할 수도 없었다. 아무리 상세히 반박해도 그 시민단체 인사는 좀체 수긍하지 않는 모양새였다.

그때 느낀건 '수사심의위라는 게 상대편이 거짓을 말하면 뒤집어쓸 수도 있는 취약한 구조구나'라는 것이었다. 물론 수사팀과 이철 측이 거짓말을 했으리라고는 생각하지 않는다. 다만, 현안 위원들이 의견서 30쪽을 부여된 시간 안에 한 장씩 제대로 챙겨 볼 시간이 턱없이 부족했고, 부여된 시간 자체도 촉박했다. 사안을 깊이 이해한 사람이 아니라면 본인의 성향이 개입되거나 여론에 휘둘릴 가능성이 커 보였다.

내 순서가 끝난 뒤 한동훈 검사장 측 진술을 마지막으로 절차는 마무리됐다. 대검찰청 형사부는 "이동재에게 강요미수 혐의를 적용하기 어렵다"라는 내용의 의견서를 별도로 수사심의위에 제출했다. 나는 다시 구치소로 돌아가 결과를 기다렸다. SBS 〈8시 뉴스〉를 보고 있으니, 방송 끝에 '수사심의위, 이동재 9대 6으로 기소 권고'라는 속보 자막이 떴다. 누가 찬성하고 누가 반대했는지 대부분 짐작됐다. 그나마 11대 4로 한 검사장과의 공모가 아니라는 점을 밝혀 준 것이 상식적인 판단이었다. 나에 대한 혐의 자체가 전혀 성립이 안 되는데, 공모가 어떻게 가능하겠는가.

수사심의위의 도입 목적 자체는 어느 정도 의미가 있지만, 위에서 언급한 현실적인 맹점과 아울러 위원 구성 등 투명성 부분역시 논란을 피하기 어렵다는 지적이 나온다. 문재인 정권 5년 동

What: 무엇이 사실인가?

안 우리 사회는 진실 여부보다 호오好惡가 판단을 지배하는 편 가르기식의 세상이었다. 직접 겪은 사람으로서 말하건대, 문재인 정권에서 만든 이 제도는 상당히 많은 보완이 필요한 제도임에 틀림이 없다.

역병엔 '탈원전' 영화를

사실 나는 2015년 겨울 법무부가 주관한 '법조 기자단 교정 시설 체험'에 참여한 적이 있다. 신축 시설이었던 남부 교도소에서 행사가 열렸는데, 당시 나는 '외롭고 좀 쓸쓸하긴 하지만 시설은 나름 깨끗하네'라는 생각을 했다. 완전히 속았다. 생각해 보니 군 복무 시절에도 외빈에겐 가장 좋은 시설만 보여 주지 않았던가. 5공 시절에 만든 서울 구치소에 비교하면 남부 교도소는 '한남더힐'이나 '갤러리아 포레'에 비견할 초호화 시설이었다.

서울 구치소는 1987년 완공된 시설인 만큼 건물 상태가 상당히 우울했다. 33년의 역사를 머금은 방 벽은 반복된 A4용지 도배로 제법 두툼했다. 장마철을 맞이해 더 이상의 곰팡이 확산을 막기 위해 룸메이트 동생들과 전면적인 '덧방' 도배 공사에 나섰다. 밥을 따뜻한 물에 불린 뒤 양말 안에 넣고 으깨 끈적끈적한 '풀'처럼 만들어서 A4용지에다 바른 뒤, 벽에 붙이는 작업을 했다. 역시 인간은 적응하는 동물이다. 공사를 마치니 제법 사람 사는 곳 같았다. 도배에 상당한 재능이 있다고 생각했다.

8제곱미터가 조금 넘는 방에 5명이 누우니 몸을 펼 수 없고, 옆 사람과 살이 맞닿을 수밖에 없었다. 여름엔 선풍기 1대로 5명이 버텼다. 그나마 그 선풍기도 40분 정도 작동한 뒤 과열 방지를 위해 10분간 가동이 중단됐다. 당연히 따뜻한 물은 나오지 않는다. 겨울에도 찬물을 써야 한다. 사실 나 역시 '죄지은 놈들은 고생해도 싸다'라고 생각하지만, 구치소에 있는 '미결수'들은 어쨌든 무죄가 추정되는 신분이다. 100명 중 1명 정도는 나처럼 억울하게 옥살이를 한 뒤 무죄를 확정받는다.

구속된 것만으로도 엄청난 스트레스인 데다 열악한 환경 속 공간에서 사연 많은 이들과 뒤엉키다 보면 화가 나지 않을 수가 없다. 2020~2021년엔 코로나 19로 인해 접견이 자주 취소돼 수용자들의 스트레스는 극에 달했다. 더군다나 코로나 19 감염 우려로 하루 30분이었던 실외 운동마저 중단되자, 교정 당국에선 특선 영화나 드라마를 상영하곤 했다. 동부 구치소에서 무더기로 환자가 발생하는 등 교정 시설의 코로나 19 감염이 극에 달했을 무렵, '탈원전'에 진심이었던 문재인 정권 아니랄까 봐 교정 당국은 특선 영화로 '체르노빌 원전 폭발 사고'를 다룬 미국 드라마 시리즈를 일주일 내내 틀어줬다.

"동재야, '생방송 투데이' 봐야 할 시간에 체르노빌 폭발 영화 상영하는 건 사람들 열 받아서 핵폭발하라고 하는 거지? 이거 언론사에 제보 좀 해라."

"왜요, 탈원전이 얼마나 중요한 건데. 탈원전의 중요성을 모르니까 구속된 거예요."

가뜩이나 짜증 나고 우울한데, 체르노빌 원전이 폭발하는 장면까지 봐야 하니 나도 모르게 헛웃음이 나올 지경이었다.

분노가 치솟아 좀처럼 잠을 청하기 어려운 밤은 성경책을 읽으며 울분을 가라앉히고 마음을 가다듬었다. 종교 활동마저 코로나19로 차단된 터라 매일 혼자 성경을 보며 고난을 극복하고자 했다. 물론 성경에서 남을 용서하는 내용이 나오면 공감하기 어려웠다. 한 집단이 몰살되는 부분을 읽을 때면 대리 만족을 느꼈다. 그렇게라도 하지 않으면 도저히 참을 수가 없었다. 매일 밤 성경을 독파하고, 낮에는 닥치는 대로 인문학 서적을 읽었다. 사마천의 《사기》에서 그가 한나라 무제 때 궁형(거세하는 형벌)을 당하고도 동양 최고의 역사서를 완성했다는 사실을 알게 됐다. 비록 나는 구속됐지만, 사마천과 비교하면 사지는 나름대로 멀쩡했다. 그렇게 꾸역꾸역 힘든 시간을 버텨 냈다.

이동재의 진짜 팩트 체크

'검·언 유착 의혹 제보' 신성식 검사장 기소 (경향신문 / 2023.1.5.)

檢 "신성식, KBS 기자들에 제보하며 허위 사실 유포"

"KBS, 녹취록 직접 확인한 사실 없음에도 단정적 보도"

3부

How

어떻게 바로잡아야 하나?

군중은 거짓말 같은 일은 이 세상에서 일
어날 수가 없다고 생각한다. 이 점을 명심
해야만 도저히 있을 법하지 않은 일이 너
무나 쉽게 조작되고 전파되는 이유를 알
수가 있다. 군중에게 너무나 쉽게 유포되
는 전설이 만들어지는 이유가 단지 군중
이 그것을 무조건 믿어버리기 때문만은
아니다. 군중의 상상력 속에서 사건들이
엄청나게 왜곡되는 것도 그런 전설이 만
들어지는 이유 중 하나다.

　　　　_귀스타브 르 봉, 《군중 심리》 중에서

9

'멸망'이 '공작'을
찾아오다

'짜깁기 수사'의 달인들

수사팀은 2020년 8월 5일, 기어이 나를 구속 상태로 재판에 넘겼다. 공소장은 총 24장이나 됐다. 그동안 법조 취재를 하며 수많은 공소장을 접했는데 나에 대한 공소장은 어지간한 대기업의 금융 범죄 사건보다 양이 많았다. 양으로 승부를 볼 요량이었으면 있는 사실대로만 공소장을 썼으면 됐을 일이다. 법조계엔 "판사는 판결문으로 말하고, 검사는 공소장으로 말한다"라는 속성이 있는데, 수사팀은 얼마나 목적이 간절했던지 편지와 녹취록의 날짜를 바꾸고 대화 순서까지 짜깁기해 왜곡된 공소장을 만들었다.

공소장엔 2020년 2월 24일 내가 사기 전과자와 통화한 내용과 이튿날 직접 만나서 한 얘기가 짜깁기되어 같은 날에 발언한 것처럼 기록됐다. 이 황당한 부분을 두고 교체된 1심 재판장조차 "24일과 25일 중 무엇이 맞나"고 수사팀에다 물었다. 검사는 법정에서 아무런 대답도 하지 못했다. 또한, "2020년 1월 3일부터 3월 31일 까지 이철이 서울남부지검에서 11회에 걸쳐 소환 요구를 받았다"라고 적혀 있었다. '이동재가 편지를 보내자 유착한 검찰이 본격 수사에 나섰고, 검찰의 갑작스러운 소환 요구에 이철이 압박을 받았다'라는 취지다. 과연 그럴까? 이철은 내가 취재를 시작하기 한참 전인 2019년부터 이미 지속적으로 검찰의 소환 요구를 받아왔으며, 그간 10번 넘게 조사를 거부했음이 재판에서 낱낱이 드러났다.

한동훈 검사장의 발언이 '창조'되어 공소장에 적히기도 했다. 내가 "이철 VIK 대표의 여권 로비를 취재하기 위해 그의 아내를 찾아다닌다"라고 말하자, 한 검사장이 "그것은 나 같아도 그렇게 한다"라고 대답했다고 공소장에 적혀 있다. 전혀 다른 얘기다. 녹취 내용 어디에 그런 말이 있는가. 수사팀의 '악마의 편집'은 차고 넘쳤다. 사기 전과자가 첫 통화 시작 53초 만에 "검찰하고 교감이 있어서 이렇게 하시는 건지. 그래야 이철 대표도 뭔가 그 저게 있어야 되잖아요"라고 말하는 장면이나, "검찰과 어떤 사전 교감이나 약속 없이 하는 것이라면 진행이 어려울 것입니다"라고 보낸 문자 내용 등은 깨끗이 도려냈다. 사기 전과자가 먼저 검찰과의 연결을 내게 요구하는 장면이기 때문이다. 사기 전과자가 "여야(인사)가 포함된 신라젠 로비 장부가 있다"라고 실체가 없는 장부를 언급한 '함정 유도성 발언'은 공소장 어디에도 언급이 없었다.

수사팀은 편지 속 내용 중 이미 수년 전부터 언론에 대대적으로 보도됐던 부분을 "검찰이 아니면 알 수 없는 것"이라고 밑도 끝도 없이 몰아세우기도 했다. '수사팀 검사 인원'을 흡사 기밀인 것처럼 공격했지만, 2020년 2월 5일 《경향신문》에서 이미 검사의 이름이 보도됐던 상황이었다. 심지어 "코로나 19로 수사가 지연되고 있다"라는 편지 속 내용까지 검찰과 유착한 대단한 정보인 것처럼 공소장에 적시했다. 어이없게도 이는 대검찰청이 전국 모든 검찰청에 공지했던 내용으로, 거의 모든 언론이 대대적으로 보도했던 내용이다.

대한민국에서 가장 똑똑하다는 서울중앙지검 검사 10여 명, 베테랑 수사관까지 모두 수십 명이 동원돼 넉 달이나 나를 탈탈 털었던 결과가 이랬다. 법무부 장관 추미애가 '수사 지휘권'을 발동하고, 위법 압수 수색을 하고, 독직 폭행 논란까지 불러왔던 그 소란스러운 수사의 결과물이 이 정도의 수준이었다.

결국, 수사팀은 공소장을 왜곡해 작성했다며 허위 공문서 작성과 허위 작성 공문서 행사 혐의로 2020년 8월 고발당했다. 그러나 이성윤이 이끌던 서울중앙지검은 2020년 말, 이 고발 사건을 셀프 각하했다. 서울중앙지검 형사6부는 "공소장 작성은 검사의 고유한 권한으로 일부 널리 알려진 공지의 사실과 공소장 내용이 다소 상이해도 이를 허위라고 단정하기 어렵다"라며 각하 이유를 밝혔다. 법조계에선 "앞으로 허위임을 알면서 공소장을 왜곡해도 된다는 것이냐"라는 비판이 쏟아졌다. 사건을 각하한 박순배 형사6부장은 신성식, 정진웅과 같은 전남 순천고 출신으로 이성윤과도 가까운 사이로 알려진 인물이다.

숨어버린 증인

　　　　　　나는 1심에서만 총 23번의 재판을 받았다. MBC 뉴스에 '제보자'라고 등장했던 사기 전과자가 정작 나를 공격할 재판에 1심 내내 출석을 거부했기 때문이다. 판사 1명이 심리하는 단독 재판부에서 통상적으로 3~4회 공판이 열리는 것과 비교하면 그 무지막지한 재판 횟수에 놀라지 않을 수 없다.

　재판에 갈 때마다 매번 양손에 수갑이 채워지고 온몸이 포승줄로 묶였다. 법정을 찾은 동료들에게 차마 수의 입은 모습을 보일 수 없었던 나는 항상 양복에 흰색 운동화를 신고 법원으로 향했다. 호송 차량이 서초동에 들어설 때 창밖을 보면, 불과 몇 달 전까지 내가 일하던 기자실이 눈에 들어온다. 호송 차량의 선팅이 심해 창밖에선 나를 볼 수 없지만, 나는 그 기자실을 오가는, 함께 얼굴 보며 일하던 타사 기자들과《채널A》후배들을 발견하곤 한다. 그러다 결박된 내 몸을 바라보면 누가 볼세라 서둘러 법원 지하 대기실로 향하곤 했다. 문득 문득 현실이 너무 억울해 살아 있다는 게 죽느니만 못한 것 같다는 것을 꿈 깨듯 깨달을 때면 나도 모르게 피맺힌 한숨을 토해내곤 했다.

　지하 대기실의 기다란 교회 의자는 내 삶의 박자가 멈춰 서는 곳이다. 타사 기자들과 후배 기자들을 뒤로하고 잠시 호흡을 고르는 곳. 그러다가 "10시 재판, 이동재 씨" 이름이 호명되면 철조망이 쳐진 엘리베이터를 타고 법정 뒤편으로 이동했다. 법정에 들어서기 직전에야 수갑을 풀어주는데, 그 순간만큼은 아주 잠시 사회로 다시 돌아간 기분이 들곤 했다.

첫 공판엔 수사팀을 이끌었던 정진웅이 직접 출석했다. 불법 압수 수색한 내 휴대 전화를 제시하고는 "정당하게 입수했다"라며 강변하던 김지윤 검사, 그리고 수사팀 막내인 문재웅 검사가 함께 자리했다. 나는 잠시 짜깁기한 공소장을 쓴 사람들의 표정을 훑어보았다. 그들은 나와 눈을 마주치려 하지 않았다. 방청석엔 《채널A》 노조위원장 선배와 몇몇 동료들, 재판 내용을 노트북에 타이핑하려는 타사 기자들이 자리했다. 《채널A》의 '진상조사보고서' 작성에 관여한 강 모 씨는 내 첫 공판부터 한 번도 빠지지 않고 방청석을 지켰는데 훗날 그는 내가 받는 재판의 증인으로 채택되자 돌연 '폐문부재' 상태가 되어 법정에 발길을 뚝 끊었다.

증인들의 불출석으로 재판이 공전을 거듭하면서 계절은 한여름에서 가을을 거쳐 겨울로, 마침내 해가 바뀌었다. 시간은 참으로 잘도 흘러갔다. 유난히 잦은 재판 일정 탓에 친해진 교도관들이 속절없이 흐르는 세월에 나를 위로하기도 했다.

"동재 씨, 오늘은 내용 좀 있었어요? 아니면 오늘도 증인들 안 나와서 허탕?"

"아무도 안 왔어요. 그냥 1분 앉았다가 나왔어요. 참 너무하네요. 사람을 병신 만드는 것도 정도 것이지."

"이렇게 공판 많이 하는 것도 참 없는 일인데. 정말 고생이 많아요. 그래도 잘 될 거예요."

수사팀이 "소재를 찾을 수 없다"라던 사기 전과자는 재판 전날 자신의 페이스북에 MBC 장인수 기자와 건배하는 사진을 올렸다.

How: 어떻게 바로잡아야 하나?

M본부 장인수기 갑자기 지도 편달 받을 게 있다고 여기 왔어요.

지도 비용은 역시 치맥 ㅋㅋㅋ

사기 전과자는 유튜브 채널을 개설해 MBC 장인수 기자와 함께 술을 마시는 방송도 하고, 심지어 본인을 잡아가라고 검찰을 조롱했지만, 수사팀은 그를 끝까지 찾지 '못'했다.

한동훈 이름이 왜 거기서 나와

나를 구속한 뒤 주야장천 불러 한동훈만 물어보던 수사팀은 재판에서도 쉬지 않고 한동훈 검사장을 언급해댔다. "구속되면 이동재가 한동훈을 안 불겠어? 안 그러면 자기만 다치는데"라던 신성식의 말처럼 애초에 검찰의 목표는 내가 아니었다. 권언 유착 세력으로선 어떻게든 한동훈과 윤석열을 엮어야 그들의 세상을 완성하는 상황이었다.

2020년 12월 17일 오전 재판은 나와 함께 기소된 후배 기자가 나를 증인으로 신청해 증인석에 앉았다. 검사는 후배 기자와 관련된 질문을 내게 하면서 '한동훈'이라는 이름을 올리며 작은 뭐라도 엮으려 했다. 참다못한 내가 일침을 날렸다.

"아니, 혐의가 없어서 기소도 못 했으면서 왜 질문마다 한동훈 이름을 넣어 물어봅니까. 그런 식으로 할 거면 아예 기소하세요. 기소도 못 하면서 왜 그런 식으로 하는 건가요?"

"…"

내가 따지듯 묻자 검사는 순간 화들짝 놀라는 표정을 지으며 더는 '한동훈'이라는 이름을 꺼내지 않았다. 그렇게 자신이 있으면 기소하든가, 아니면 아예 언급조차 하지 말든가. 검찰의 공소유지 업무가 이렇게 대중없이 돌아가는지 몰랐다. 물론, 광풍의 시대였던 만큼 공판에 나온 검사에게도 쉽지 않은 시간이었을 것이다. 재판 때마다 점점 내 눈을 똑바로 맞추지 못하던 그는 추미애의 각종 폭주에 대한 평검사들의 반대 성명이 시작되자 슬며시 이름을 올리기도 했다.

사실, 윗선이 시키는 대로 하는 평검사에게 무슨 결정권이 있겠냐만 검찰청법은 '검사는 탄핵이나 금고 이상의 형을 선고받은 경우를 제외하고는 파면되지 아니한다'라고 검사의 '신분 보장'을 규정하고 있다. 일반 공무원보다 훨씬 강하게 검사의 신분을 보장한다. 검사라면 누구나 본인의 업무에 책임지고 소신껏 일하라고 법률로 규정한 것이다.

아이러니한 것은 나에 대한 수사에 깊이 관여해 공판까지 참석했던 또 다른 검사가 2021년 1월에 최강욱을 기소했다. 나를 간악한 '가해자'로 몰아대며 무리한 수사를 벌인 그들이 뒤늦게 나를 피해자로 놓고 수사했다. 아무리 위에서 시킨 일이라고는 하지만, 나를 가해자라고 강하게 공격하던 검사들이 내가 입은 피해를 구제한다니. 상식적으로 맞는 그림인지 모르겠다. 최소한 다른 검사를 투입하는 게 이치에 맞지 않았을는지.

수사팀은 뒤늦게 수감 중이던 내게 '피해자 진술조서' 양식을 보냈다. '피의자 최강욱을 최대한 엄벌에 처해 주시길 바랍니다'

라고 진술서를 쓰면서도, 과연 이성윤의 서울중앙지검에서 제대로 된 수사를 할 것인지에 대한 의문은 떨쳐낼 수가 없었다. 답답한 마음에 룸메이트에게 넌지시 물어보았다.

"형님, 이게 정말 수사하겠다는 걸까요, 아니면 그저 요식 행위를 하겠다는 걸까요?"

"지금 말도 안 되는 짓들이 드러나면서 여론이 점점 너한테 유리하게 바뀌고 있잖아. 얼마나 꼼꼼히 할지는 모르겠다만 일단 최강욱 기소는 하지 않겠냐."

당시 수사팀은 최강욱을 기소하면서도 대면 조사는 벌이지 않은 것으로 안다. 최강욱은 기소 당일, 자신의 페이스북에다 "또다시 언론을 통해 어이없는 소식을 접한다"라며 "슬슬 연기를 피워 올리기에 또 장난질할까 염려하긴 했는데 기어이 저지르는군요"라고 썼다. 그러면서 "검찰 개혁과 언론 개혁에 앞장서겠다고 한 사람으로서 짊어져야 할 숙제로 생각하고 잘 대처하겠다. 자신 있다"라고 덧붙였다. 사람이 어쩜 이리도 한결같을까.

최강욱은 또 "정진웅 부장검사에 대한 기소, 감찰을 진행한 한동수 감찰부장에 대한 수사, 한동훈 검사에 대한 무혐의 시도 등과 종합해 보면 검언 유착의 당사자들은 어떻게든 보호하고 그 범죄를 알리고 밝히려는 사람들에게 보복하겠다는 것 외에 또 뭐가 있을까"라고 반문하기도 했다. 나는 그의 놀라운 뇌 구조에 뭉크의 그림에나 나올 법한 표정을 지을 수밖에 없었다.

구속 만기 하루 전의 꼼수

구속 후 3개월째에 '보석'을 청구했다. 억울하게 구속된 만큼 당장 구속 적부심이나 보석을 청구하는 게 맞는 일이었지만, 당시 대한민국은 기이한 세상이었기에 나로선 숨 쉬는 것마저도 신경 써야 했다.

보석 심문에서 "이미 얼굴이 대중에게 알려진 데다 결백을 주장하는 내가 도망칠 우려가 전혀 없다"라고 재판부에 간곡히 설명했다. 통상적으로 법원에 보석 청구를 하면 2~3주 이내에 가부가 결정된다. 나는 보석을 청구한 이후 언제라도 나갈 수 있게 물건을 챙겨 놓고 결정문이 도착하기만 기다렸다. 보석 청구 이후, 교도관의 발소리만 들려도 "드디어 보석 결정문이 도착했나" 하는 생각에 온 신경이 곤두섰다. 그런 나날이 하루 또 하루 이어졌고, 무려 넉 달을 넘겼다. 1조 원대 금융 사기범에게도 금방 내려졌던 보석 결정이 나에게는 허락되지 않았다. '내가 과연 이 지옥에서 나갈 수는 있을까'하는 생각을 떨쳐낼 수 없을 즈음, 룸메이트가 걱정스러운 표정을 애써 태연한 척하며 내게로 다가왔다.

"동재야, 법원이 너 엿 먹으라고 구속 만기 하루 전에 보석 해주는 거 아니냐?"

말이 씨가 된 걸까. 냉철한 판단을 잘하던 룸메이트의 예측은 현실이 됐다. 진짜로 구속 만기를 딱 하루 앞둔 2021년 2월 3일 아침, 교도관이 인터폰으로 나를 불렀다.

"동재 씨, 보석 결정됐어요. 점심쯤 나가시지 싶은데, 지장 먼저

찍으시고 진도 챙기세요."

"뭐라고요? 내일이 만기인데 오늘 보석이라니. 어떻게 저한테
만 이런 일이 일어나나요?"

"허허. 저도 10년 넘게 일하면서 처음 봐요. 재판부에 밉보인
거 있으신가. 여하튼 변호사님한테 2시쯤에 나갈 예정이라고 연
락해 놓을게요."

4개월간 보석을 미루던 재판장은 "보석을 허가할 사정이 생겼
다"라며 돌연 결정했는데 정작 그동안 달라진 건 아무것도 없었
다. 증인들은 여전히 불출석했고, 재판은 공전을 거듭할 뿐이었
다. 달라진 것이라곤 새벽 6시 구치소의 기상을 알리는 노래가 이
문세의 '가을이 오면'에서 DJ DOC의 '겨울 이야기'나 미스터투의
'하얀 겨울'로 바뀐 것 정도였다.

보석 결정 당일, 법원은 정기 인사를 단행했다. 내 사건 재판
장 역시 이날 고등법원 부장판사로 인사이동이 확정됐다. 법조계
와 언론에선 유례없는 늦은 보석 결정을 비판하는 목소리가 거셌
다.[35] 물론 나는 법원이 법과 양심 외의 어떠한 배경을 고려해 고
의로 보석 결정을 늦게 내렸다고 생각하지는 않는다.

불쾌한 마음을 가라앉히고 소송 서류와 그간의 기록을 담은 노
트를 챙겼다. 202일을 살았지만, 짐이라곤 달랑 쇼핑백 2개면 충분
했다. 힘든 시간을 함께 보낸 룸메이트들에게 작별을 고했다. 교도

---

[35] 넉 달 전엔 틀리고 지금은 맞다?…구속만료 전날 보석 허가한 판사, 《한국경제》,
2021.2.3.

관과 함께 철문 3개를 지나, 재판 출정 때마다 사복으로 갈아입던 공간에서 마지막으로 옷을 갈아입었다. 영치품 창고에 보관해 둔 물건을 찾았다. 아끼던 가죽 지갑은 202일 동안 곰팡이로 뒤덮였고, 휴대 전화는 완전히 방전됐다. 시간이 흐르긴 참 많이 흘렀다.

"동재 씨, 밖에 카메라가 와 있는 거 같은데 이따 나가실 때 멘트 하실 거 있으면 준비하시고요."

"멘트는 됐고요. 두 달 동안 이발을 못했는데 혹시 왁스 있으세요?"

"미안해요. 아무것도 없네요. 근데 머리가 좀 지저분하긴 하시네…."

코로나 19로 교정 시설 이발이 중단돼 머리카락이 '머털도사'마냥 솟구쳤다. 아쉬운 대로 손 소독제를 잔뜩 짜낸 뒤 머리에 발라 '다운 펌'을 했다. 거울을 보니 보기 흉하진 않았다. 그러곤 그저 바라보기만 했던 높은 벽 바깥세상 속으로 발걸음을 내디뎠다. 맘껏 두 눈 가득 하늘을 담은 것도 실로 오랜만의 일이었다. 저 멀리 카메라 몇 대와 취재진의 모습도 보였다. 《채널A》 노조위원장 김의태 선배와 최장호 변호사가 나를 기다리고 있었다. 그들과 잠시 포옹을 한 뒤 취재진에게 "성실히 재판에 임하겠다"라는 짤막한 멘트를 남기고 서둘러 지옥을 탈출했다. 지옥의 긴 터널을 빠져나오자 천국이었다. 귀에 이어폰을 낀 뒤 프랭크 시내트라의 'My Way'를 들었다. 마음속으로 꿈꿔왔던 소박한 일이었다. 노래를 듣고 싶을 때 마음대로 들을 수 있는 자유가 내게 날아와 박혔다.

　　　　　　　　　How: 어떻게 바로잡아야 하나?

서초동으로 이동해 변호인들에게 생존 신고를 한 뒤, 곧장 한남대교를 건너 부모님이 계시는 집에 도착했다.

"저 왔어요."

"그래, 고생 많았다."

오랜만에 부모님을 뵈면 눈물이 왈칵 솟을 거 같았는데 부모님도 나도 별다른 반응이 없었다. 광기 어린 세월 속을 걷는 동안, 나도 부모님도 모두 속이 문드러져 작은 감정 표현 하나하나가 사치가 됐다. 어머니가 해 주시는 따뜻한 밥을 먹는 게 유일한 소원이었는데, 이날 나는 비로소 소원을 성취했다. 나 자신에게 나태한 모습을 보이기 싫어 석방 당일 저녁 아파트 단지 앞 미용실에 들렀다. 미용실 원장님이 덥수룩한 머리를 보곤 "혹시 코로나 19로 자가 격리 상태였냐?"며 사뭇 진지하게 묻는다. "네, 격리됐었어요." 좀 오랜 기간 격리되어 있긴 했으니 영 틀린 답변은 아니었다.

반박의 미학

법원의 보석 허가 후 3번의 공판이 더 열렸다. 그 사이 재판장은 박진환 부장판사에서 홍창우 부장판사로 교체됐다. 사기 전과자와 《채널A》 측 인사 강 모 씨는 끝내 '폐문부재'로 재판에 출석하지 않았다. 특히 강 씨는 원 소속인 《동아일보》 정치부로 복귀해 기사를 쓰면서도 '폐문부재' 상태여서 법조계에서 적잖은 논란이 됐다. 이런 가운데 박진환 부장판사는 본인이 주관한 마지막 재판에서 "소재를 찾을 수 없다"라며 사기 전과자의 검찰 진술조서를 증거로 채택했다. 사기 전과자가 6개월 넘게 출석을 거부하고 재판을 조롱하는 태도를 보여도 어떠한 신문 절차도 없이 증거로 채택한 것이다. 박 부장판사는 과거 "증인 신문 없는 조서 채택은 엄격히 이뤄져야 한다"는 취지의 논문을 썼었다. 본인이 쓴 논문과 모순된 행동을 했다고 비판하는 보도가 나왔다.[36] 논문에서 박 부장판사는 "(최근 대법원 판례는) 법정 출석 및 반대 신문이 이뤄지지 못한 경우 수사 기관이 원진술자의 진술을 기재한 조서의 증거 능력을 제한하는 입장을 취한다"라고 분석했다. 내 변호인은 이를 근거로 방어권 침해를 주장했지만 끝내 받아들여지지 않았다.

2020년 8월부터 기약 없이 늘어진 재판, 인사발령으로 새로 온 홍창우 부장판사는 더는 미룰 수 없다고 판단한 듯 신속히 남은 재판을 진행한 뒤 결심 날짜를 정했다. 그렇게 1심 재판이 마무리돼 갔다.

2021년 4월 16일 열린 재판에서 내 변호인은 내가 사기 전과자와 나눈 대화 파일을 재생했다. 날조, 조작, 악마의 편집, 일부 언론의 지속적인 왜곡 날조 보도로 많은 대중은 진실을 오해하고 있었다. 실제 대화 내용과 그 뉘앙스는 어땠는지, 얼마나 많은 왜곡이 이뤄졌는지를 분명히 증명할 기회였다. 인생이 달린 재판, 나는 변호인단과 밤을 새워 PPT 자료를 만들며 준비했다.

이날 재판을 참관한 사람이라면 말투와 뉘앙스, 누가 검찰과의

---

36 [단독] 제보자X 진술조서 증거 채택한 재판장의 '모순', 《국민일보》, 2021.02.17.

20.2.24 사기 전과자와의 문자

(□□□ → 이동재)

> "검찰과 어떤 **사전 교감**이나 **약속 없이**
> 하는 것이라면 진행이 어려울 것입니다"

20.2.25 사기 전과자와의 1차 만남

(공소장 中)
"안 하면 지금보다 더 죽고" (54:26)

[이동재] 솔직히 저한테 제보 안하셔도 상관없어요. 제가 기사 안 쓰면 그만이에요.

[이동재] : 왜냐면 저희한테 (제보) 안 통하셔도 돼요. 한겨레를 통해서 하셔도 되고,

[이동재] : 결론은 증거를 (받는 곳이) 꼭 저희 회사가 아니어도 상관없어요.

[이동재] "못 까겠다" 하시면 아 안 까면 그만이에요. 저한테 말씀 안하셔도 되고.

[이동재] 솔직히 저는 안 쓰고 해도 그만이에요.

[이동재] "제가 못 미더우시면 어디 **한겨레에 전화해서 '제보하려고 한다**' 이렇게 해도 되고요."

자료 출처: 2021.4.16. 재판에 쓰인 PPT 자료 중 발췌.

'교감'을 먼저 언급하며 접근했는지, 누가 '로비 장부'와 '송금 내역'을 말했는지 여실히 귀를 통해 들을 수 있었다. 주요 일간지 법조 기자들은 재판 후 내게 "검찰 기소가 '오버'라는 생각은 했지만 이렇게까지 말도 안 되는 건으로 기소했을 줄은 몰랐다"라며 혀를 내둘렀다.

2021년 5월 14일, 기소 10개월 만에 드디어 선고 전 마지막 재판인 '결심' 날이 됐다. 내 변호인 주진우 변호사는 수사팀의 공소

장을 한 줄 한 줄을 반박하며 마지막 변론에 나섰다.

　수사팀은 공소장에서 "이동재가 '검찰이 수사를 개시했다', '확실하게 수사하라는 윤석열 총장의 지시가 있었다'라고 밝혔다"라며 "검찰과 연결되어 있고 피해자가 신라젠 관련 수사로 중한 처벌을 받을 것이라는 취지를 강조했다"라고 주장했다. 그러나 이는 대부분의 언론을 통해 모두 보도됐던 내용으로, 내가 밝힌 내용은 오히려 언론 보도에 비해 가벼운 수준이었다.

　수사팀은 '수사팀 인원' 등 검찰만이 알 수 있는 '내부 수사 상황'을 언급했다며 '검언 유착'으로 몰아갔다. 과연 사실일까? 나의 첫 편지가 이철에게 도착 2주 전부터 이미 대검찰청의 '신라젠 사건 수사팀 확대' 공지가 있었고 거의 모든 언론이 이를 다뤘다. 충원된 검사들의 인원은 물론 검사들의 이름까지도 진즉 보도됐던 상황이었다. 즉, 수사팀이 '내부 수사 상황'이라며 대단한 비밀인 것처럼 적어놨던 내용은 이미 공개된, 신문을 열심히 읽는 초등학생도 파악할 수 있는 것이었다.

　수사팀은 또 "이동재가 VIK의 전직 비서였던 임 모 씨의 검찰 조사 가능성을 편지에 기재했다"라면서 "일반인이 알기 어려운 임 씨 이름을 거론했다"라고 나를 공격했다. 그러나 이 공격 역시 변호인을 통해 낱낱이 반박됐다. 임 씨는 유시민이 이끌던 국민참여당 경기도 의정부 준비위원회 여성위원장으로 활동한 뒤 2010년 지방 선거 때 경기도의원 선거에 출마했던 인물이다. 임 씨 관련 내용은 이미 2019년부터 다수의 언론에서 매우 상세히 보도됐는데, 임 씨의 본명과 직책, 문재인 청와대에서 행정 요원으로 근무했다는 내용까지도 널리 알려졌던 상황이었다.

임 씨는 VIK의 정보를 투자 피해자들에게 제공해 이철로부터 2017년 민·형사 소송을 당하기도 했다. 법원은 "공공의 이익을 위해 한 것으로 봄이 상당하다"라며 임 씨의 편을 들어주기도 했다. 당연히 VIK 피해자들 사이에선 임 씨가 검찰 조사를 받을 것이라는 얘기가 파다했다. 심지어 "이미 알려진 언론 보도로 구성된 나의 편지들을 두고 수사팀이 '검찰발 정보'라고 우긴다"라는 비판 기사까지 나올 정도였다. 수사팀의 주장은 처음부터 끝까지 MBC와 비슷했다.

변호인의 마지막 변론이 끝나자, 수사팀은 "피고인들은 강요로 피해자를 위협한 다음, 정관계 인사의 비리를 제보받으려 의무 없는 일을 하도록 했다"라며 내게 징역 1년 6월을 구형했다. 함께 기소됐던 후배 기자에겐 징역 10월을 구형했다. 구형량은 예상대로였다. 이성윤과 정진웅이 이끈 수사팀이 6개월 넘게 나를 구속한 만큼, 자신들의 명분상 구속 기간의 2배인 1년보다는 많이 구형할 것으로 보았다.

'1조 원대 비리 사건을 취재했다고 실형을 구형하는가.
그래, 어차피 미쳐버린 세상 얼마든지 마음대로 해봐라.'

구형 이유를 듣는 순간 어처구니가 없어 헛웃음이 터져 나왔다. 수사팀 검사들의 얼굴을 충분히 쳐다본 뒤 나도 미리 준비한 최후 진술문을 읽었다. 기나긴 왜곡의 여정이 마무리된다 생각하니, 마음이 후련해져 목소리도 담담하게 잘 나왔다. 그저 최소한의 상식과 정의가 이 세상에 살아 있길 바랐다.

평범한 30대 시민인 제가 이 자리에 선 지도 열 달이 다 되어 갑니다. 대부분의 기자가 그렇듯 저도 공익을 위한 취재를 해 왔고 이 사건 취재도 마찬가지였습니다. 검찰이 소액주주 17만 명에게 피해 입힌 신라젠 사건을 수사한다고 해서 다른 기자들과 마찬가지로 대주주인 밸류인베스트에 대해 수사가 이뤄질 것으로 자연스럽게 전망했습니다.

교정 기관에 보내는 편지가 검열된다는 것은 상식입니다. 검열되는 편지를 통해 공개 협박이나 위협을 하는 사람이 세상에 어디 있겠습니까. 대화록을 보더라도 '제보하지 않으면 어떻게 하겠다'는 내용은 없고, '자수하면 광명 찾는다'는 식의 얘기만 있습니다. 편지 속 내용도 다른 언론에서 보도된 내용 등으로 밸류인베스트 사건을 오래 취재한 기자들은 다 아는 내용입니다. 그럼에도 제보자를 내세운 한 방송 때문에 저는 '검언 유착 프레임'에 갇혔습니다.

어떤 언론은 '이동재가 단독을 많이 썼다'라며 '검찰과의 유착이 있었다'고 했는데, 여기 법조 기자들은 그 말이 황당한 이중잣대라는 걸 알 것입니다. 날조, 왜곡하는 기자도 있지만 대부분 묵묵하게 일합니다. 저 또한 누군가의 한 마디가 세상을 바꿀 수 있다고 생각하기에 버텼습니다.

저는 문을 연 지 얼마 안 된 언론사에 입사해 30대 초중반 제 모든 것을 바쳤습니다. 지난 1년 넘는 기간 동안 저와 세 가족은 모든 게 무너졌습니다. 수사 기관이 언론사 취재를 협박으로 재단하면 정상적 취재까지 제한하는 선례를 남길 것입니다…

공작의 멸망, "이동재, 무죄"

　　　　　　　　본래 1심 선고는 2021년 6월 18일로 예정됐으나, 갑작스레 한 달 뒤인 7월 16일로 연기됐다. 통상적으로 재판이 연기되는 건 재판장의 고민이 깊다거나 완성한 판결문을 다시 새로 쓰는 경우다. '내게 또다시 이상한 일이 일어나는 건가….' 몹시 불안한 마음에 전후 사정을 알아보니 다행히 괜한 걱정이었다. 재판장이 '코로나 19' 밀접 접촉자가 되어 어쩔 수 없이 일정이 뒤로 밀린 것이었다. 죽느냐 사느냐, 피 말리는 시간. 형사 재판을 겪어 본 적 없는 사람은 그 기분을 알 수 없다. 한강을 뛰고, 남산을 오르고, 공포영화를 보고. 잡생각을 없앨 수 있는 건 전부 다했다. 그렇게 해봐도 재판 일주일 전부터는 잠을 거의 잘 수 없었다.

2021년 7월 16일, 드디어 1심 선고 날이 찾아왔다. 어이없이 구속됐던 게 2020년 7월 17일이니까 공교롭게도 딱 1년 만이었다. 만에 하나 또 한 번 이상한 일을 겪을 수도 있다는 생각에 부모님 앞으로 쓴 편지와 앞으로 대응해야 할 일을 적은 메모를 미리 변호인에게 넘겼다. 어떤 넥타이를 맬지 한참 고민하다 빨간 실크 넥타이를 골랐다. 넥타이 색에 정치적 의미는 없었다. 그저 "1년 전 파란색 넥타이를 했다가 어이없는 구속을 당했으니, 이번엔 반대로 빨간색으로 하자"는 단순한 생각이었다. 팔자에 없는 고생을 많이 하니 온갖 징크스가 다 생긴 덕분이다.

아버지가 근심 어린 표정으로 서초동 변호사 사무실까지 차를 운전해 데려다주셨다.

"작년에 네가 그렇게 될 줄 모르고 지하철 타고 가게 내버려 둔 게 내내 마음에 걸렸다."

"하하하. 이번에도 잘못되면 이민 갑시다."

나는 애써 호탕하게 웃음 지으며 아무렇지 않은 척했지만, '설마…'하는 걱정에 손이 땀에 흥건하게 젖었다. 법리대로라면 애초에 기소조차 되지 않았을 일 아니었던가. 서초동에 도착한 뒤 변호인들과 함께 법원으로 입장했다. 1년 전처럼 카메라 플래시와 질문이 쏟아졌다. 모퉁이에 서 있던 《채널A》 동료들이 눈빛으로 응원했다.

서울중앙지법 513호 법정. 지겹도록 오간 곳이지만 이날처럼 떨린 적은 없었다. 매번 앉던 피고인석에 앉아 묵주를 만지며 하느님께 '이 고난을 끝내게 해달라'고 기도했다. 홍창우 부장판사가 20분 넘게 판결문을 낭독했다. 초조한 시간은 더디게 흘렀다. 판결문 낭독을 시작한 후 5분쯤 지났을까. "해악의 고지가 없다"라는 말이 몇 차례 흘러나왔다. 법조 기자로서 수백 번 남의 재판을 참관한 경험칙상 '무죄'임을 알 수 있었으나 확신이 서지 않았다. 살며시 오른편에 앉은 주진우 변호사의 얼굴을 바라보니 고개를 끄덕거린다. 주 변호사가 종이에 몇 글자를 적었다.

　　　　　　　　　　　　　　How: 어떻게 바로잡아야 하나?

무죄 언론 멘트는 품격있게 준비할 것!

재판 막바지로 갈수록 '검언 유착' 몰이 주장이 전부 탄핵당했다. 재판부는 나에 대한 강요죄의 구성 요건인 '해악의 고지'가 전혀 없다며 사기 전과자의 '함정'이었음을 인정했다.

선고한다. 피고인들은 각 무죄. 땅! 땅! 땅!

휴대 전화를 꺼내 부모님과 지인들에게 '무죄'를 알리는 카톡을 보내려는데, 이미 수백 개의 축하 메시지가 도착해 있었다. 참관 온 법조 기자들의 재판 워딩이 실시간으로 외부에 공유된 모양이다. 기분이 어땠냐고? 긴장이 풀리지 않았는지 별다른 느낌조차 없었다. 변호인들과 악수를 하고 법원을 나서려는데, 법원 로비 TV 속 YTN 뉴스에 내 소식이 '[속보] 채널A 이동재 기자, 1심 '무죄'로 떠 있다. 이런 건 한국형 블록버스터 영화 결말에 많이 나오는 장면인데….

돌이켜 보니 1년여에 천당과 지옥을 오가는 영화 몇 편을 찍은 듯했다. 곧장 몇몇 언론사와 인터뷰를 끝내고, 법정을 찾아 준《채널A》동료들과 법원 앞에서 간단히 맥주를 마셨다. 무죄 판결 후 먹는 맥주는 청량감이 남달랐다.

동료들 덕분에 지옥에서 살아 돌아올 수 있었다. 특히 스무 번이 넘는 내 모든 재판을 직접 참관해 준《채널A》노조위원장 김의태 선배에게 감사하다. 이날 휴대 전화가 축하 전화로 불이 났다.

《채널A》법조팀 후배 기자는 내게 전화해 한참을 '통곡'하기도 했다. 민망함에 "뭐 잘못 먹었냐"라며 대수롭지 않게 응수했는데, 생각해 보니 이 후배는 매번 내 재판을 참관했었다고 한다. 수갑을 차고 대기하다 법정에 들어서고, 재판이 끝나면 동료들에게 말 한마디 건네지도 못한 채 교도관들에게 붙들려 다시 감옥으로 향하는 내 모습을 스무 번이나 봤다는 거다. 나에게도 내 주변 사람들에게도 정말 야만적인 시간이었다.

밤 9시가 넘어서야 집에 도착할 수 있었다. 202일 만에 보석으로 풀려나 집으로 돌아왔던 그날같이 우리 가족은 이번에도 담담했다. 나도, 부모님도 몹시 피곤했는지 과일 몇 조각을 집어 먹고 이내 잠이 들었다. 오랜만에 온 가족이 조금은 짐을 내려놓고 늦잠을 잤다.

2023년 1월 19일, 당연히 2심 재판에서도 전부 무죄를 선고했다. 일주일 후엔 무죄가 확정됐다. 길고 긴 재판이 그렇게 다 끝났다. MBC의 '검언 유착' 보도 2년 10개월 만이었다.

> 정치 권력과 언론, 사기꾼, 음모론자들의 총체적인 권언 유착이 또다시 드러났습니다. 허위 사실을 유포해서 저와 공직자의 인생을 망가뜨리려 한 김어준, 최강욱, 유시민 그리고 민언련에 반드시 끝까지 책임을 물을 것입니다. 검찰과 결탁해 허위 보도를 한 공영방송에 대해서도 끝까지 책임을 물을 것입니다. 그것이야말로 진짜 검언 유착입니다.
>
> _〈2023.1.19. 2심 무죄 선고 후, 기자 회견〉

'발 빼기'는 MBC처럼

2021년 7월 16일, 거의 모든 언론이 한 30대 중반 남성의 1심 무죄 소식을 긴급 속보로 타전했다. 아마도 우리 사법 역사상 처음 있는 일이었을 것이다. 권력과 어용 언론, 어용 단체의 기나긴 선거용 '정치 공작'은 그렇게 1년 4개월 만에 1막을 내렸다.

권언 유착 세력의 윤석열과 한동훈 죽이기는 완전히 실패했다. 윤석열 전 검찰총장은 내 1심 무죄 당일 언론 인터뷰에서 "사필귀정"이라며 "일종의 권언 유착에 의한 '정치 공작'이라 생각하고 있다"라고 소감을 밝혔다. 한동훈 검사장도 입장문을 내고 "집권 세력과 일부 검찰, 어용 언론, 어용 단체, 어용 지식인이 총동원된 '검언 유착'이라는 유령 같은 거짓 선동, 공작, 불법적 공권력 남용이 철저히 실패했다"라며 "거짓 선동과 공작, 불법적 공권력 동원에 대한 책임을 물어야 할 때"라고 꼬집었다. 국민의힘 역시 권언 유착 공작을 강하게 비판했다.

시사 평론가들은 내 1심 무죄 판결 후 "윤석열 총장이 대통령에 당선된다면 그를 대통령으로 만든 가장 큰 사건은 이 사건이다. 여기서 모든 게 시작됐다"라고 입을 모았다. 동의하는 바다. 총선용 공작으로 시작해 각종 위법·폭력 수사와 헌정 사상 두 번째 수사 지휘권 행사, 추미애의 검찰총장 징계 등 도를 넘는 행동이 쌓이면서 그들 스스로 정권 교체의 명분을 만들어 정권을 헌납했다.

반면, 허위 사실을 창조해 총선 직전 국민을 선동하며 크게 재미를 보던 이들은 대부분 아무 일도 없었다는 듯 침묵을 철저히 지켰다. 특히 아침마다 반복적으로 가짜 뉴스를 유포해대며 '검언 유착'이라고 기름을 붓던 김어준이 내 무죄 직후 어떤 말을 할지 가장 궁금했는데, 평소답지 않게 너무도 조용했다. 역시 "아니면 말고"였던 건가. 그러나 조용히 있는다고 국민을 선동하고 기자와 공직자의 인생을 파멸로 몰았던 게 결코 없던 일이 되지는 않는다.

내 무죄 보도를 장식한 '화룡점정'은 MBC였다. 1심 무죄 선고 다음 날, MBC는 〈뉴스데스크〉에서 "'검언 유착'이란 표현이 확산된 계기는 첫 보도 당일 밤 '한 정치인'의 SNS였습니다"라고 보도하며, 자신들이 '검언 유착'이란 이름표를 붙인 게 아니라며 대놓고 발을 뺐다.

MBC가 언급한 '한 정치인'은 최강욱이었다. 찰떡궁합을 자랑했던 MBC가 돌연 표정을 바꿔 자신들이 한 게 아니라고 책임을 전가하니 이쯤 되면 최강욱도 서운해할 것 같았다. 수백 건의 보도를 통해 조석으로 '검언 유착' 프레임을 시청자에게 세뇌한 MBC가 돌연 "우리가 먼저 검언 유착이라고 안 했다"라며 최강욱 탓을 하고 있으니, 모양새가 영 이상했다.

한편, 나를 '고발'했던 민언련은 내가 1심에서 무죄 판결을 받은 후에 성명을 내고 "검찰 수사가 충분하지 못했다"라고 비판했다. 나는 민언련의 주장에 상당 부분 동의한다. 수사팀은 MBC와 최강욱, 사기 전과자 등의 권언 유착 의혹에 대해서는 좀처럼 수사를 진행하지 않았다. 또한, 민언련 역시 최강욱·유시민·김어준에 이어 적극적으로 나에 대한 가짜 뉴스를 주도적으로 유포한 세력이었다. 수사가 충분하지 못했다고 평가한 만큼 자신들도 검찰의 수사를 받고 책임져야 할 것이다. 한동훈 검사장은 "민언련에는 이름과 달리 '민주'도 없고, '언론'도 없고, '시민'도 없고 권력의 요직을 꿰차는 막강 인재풀로서 권력과의 '연합'만 있어 보인다"라며 "민언련이 '검언 유착' 프레임을 만들기 위해 정권 관련자들과 어떤 공모를 했는지 이제 밝혀야 한다"라고 말했다. 진중권 교수 역시 SNS에서 "사회적 흉기가 된 민언련은 스스로 해체할 때가 됐다"라고 지적했다.

'민언련'의 과거 혹은 현재

좌파의 '돌격대'로 나를 고발하고 허위 사실을 부지런히 유포하며, 《채널A》의 재승인 취소를 위해 애쓰던 민언련. 내 1심 무죄 판결 이후에도 성명을 내고 비난하던 민언련. 그러나 그들의 '눈물겨운 처지'를 여실히 보여 주는 《미디어오늘》 인터뷰[37]가 있다.

왜 TBS 〈김어준의 뉴스공장〉 방송을 감시하지 않느냐는 기자의 질문에 신미희 민언련 사무처장은 '부족한 인력' 탓에 모니터링을 하지 못한다고 안타까운 처지를 하소연했다. 그는 "지금 신문 모니터도 다 못하고 있다. 우리가 모니터링할 수 있는

---

37 왜 민언련은 '김어준 방송' 감시하지 않을까, 《미디어오늘》, 2022.2.23.

여건, 이를테면 인력 등의 한계로 못하고 있는 것"이라며 "현재 시사 라디오 프로그램까지 모니터하려면 같은 시간대 주요 방송사 시사 라디오 프로그램을 비교 분석해야 한다. 하나의 라디오 방송만, 하나의 유튜브 채널만, 하나의 신문만 모니터할 수는 없다. 민언련 시스템은 개별 미디어 비평이 아니기 때문"이라고 주장했다.

처음엔 이 글을 보고 '지금 이거는 웃자고 하는 소리인가?' 싶었는데, 민언련과 뜻을 같이하는 《미디어오늘》의 인터뷰인 만큼 '나름 진지하게 답변한 것'이라 생각하니 더욱 '충격과 공포'로 받아들여졌다. 보수 언론 보도는 현미경처럼 들여다보며 미세한 것 하나까지 문제 삼아 공격하면서 김어준 방송을 모니터할 인력이 없다니. 그들의 인력 운용 방식에 KBS 이상으로 심각한 문제가 있어 보였다. 사실 〈김어준의 뉴스공장〉의 경우, 발언이 방송 직후 정리돼 인터넷에 업로드되기에 모니터에 특별한 시간이 필요한 것도 아니었다.

나에 대한 고발장을 직접 제출하고 《채널A》의 재승인 취소를 주장하며, 방송통신위원회 앞에 부스까지 설치해 몇 시간 동안 라이브 방송을 할 인력은 있어도, 김어준 방송을 감시할 인력은 없다는 것인가. 〈김어준의 뉴스공장〉 등 TBS 편파 방송에 대한 언론계의 지적은 오래전부터 제기돼 왔다. 그러나 민언련은 이에 대해 비판을 하기는커녕 김언경 대표 등이 김어준 방송에 게스트로 '단골 출연'하곤 했으니 사실상 한 팀이라고 봐도 무방해 보였다.

민언련을 잘 아는 한 언론인에게 "인력이 없다"라고 주장하는 민언련의 행태를 지적하며 어이없음을 토로했더니 전혀 예상 외의 답변을 들었다. 그는 "민언련의 주장이 절대적으로 옳다"면서 오히려 나를 지적했다.

"아니, 민언련 주장에 왜 공감하세요?"
"사실, 민언련에 인력이 없긴 없어요.
워낙에 민언련 출신들이 언론 요직을 싹쓸이해서
조직에 남아 있는 사람이 몇 명 없을 거예요."

나의 식견이 짧았다. 그의 주장에 무릎을 탁! 치며 공감할 수밖에 없었다. 민언련 인사들은 민주당 정권에서 언론 관련 각종 요직을 차지했다. 민언련 대표 출신인 한상혁은 문재인 정권 방송통신위원회 위원장을 맡아 한차례 연임까지 했다. 한상혁은 현재 '종편 재승인 조작 사건'으로 기소돼 재판을 받고 있다. 최민희 전 민주당 의원은 민주당 상임대표 출신으로, 노무현 정부에서 방송위원회 부위원장(차관급)을 지냈다. 문재인 청와대 추천으로 방송통신심의위원이 된 김유진 코바코(한국방송광고진흥공사) 비상임이사 역시 민언련 사무처장 출신이다. 김유진 씨가 방심위원에 임명되면서 공석이 된 코바코 비상임이사 자리는 앞선 인터뷰에 나온 신미희 민언련 사무처장이 넘겨받았다. 그밖에 더불어민주당 추천으로 방송통신심의위원이 된 정민영 변호사 역시 민언련 정책위원 출신이다. 이밖에도 다수의 민언련 출신 인사들이 공영 방송에 고정 패널로 출연했다. 솔직히 이쯤 되면 너무 많아서 자기들끼리도 헷갈릴 지경이다. 심지어 민언련 인사가 방통위의 '종편 재승인 조작 사건'에도 심사위원으로 관여했으니 그야말로 권력의 요직을 꿰차는 '막강 인재풀'이었다.

자리뿐만 아니라 돈도 따라왔다. 민언련은 문재인 정권에서 거액의 꿀 같은 지원금을 받으며 승승장구했다. 자신들이 발표한 자료에 의하면 2019년 기준으로만 '다문화 대중매체 언론모니터링'과 '5·18민주화운동 왜곡 언론모니터링' 등으로 1억 5천여만 원의 지원금을 타냈다. "'민주'도 없고 '언론'도 없고 '시민'도 없다"라는 한동훈 검사장의 정의定義로 민언련의 정체성은 명료하게 정리됐다. 김언경 대표 역시 조국 사태 당시 《한겨레》와의 인터뷰에서 "나경원 의원 자녀 비리 논란과 비교해 보면 조국 사건이 애초 그렇게 난리 칠 만한 사안이었을까 싶다"라고 답변하며 정체성을 대놓고 드러낸 바 있다.

민언련은 내 2심 무죄 이후에는 어떠한 견해도 내놓지 않았다. 마치 아무 일도 없었던 것처럼 조용하게 움직이고 있다. 문재인 정권에서 받던 꿀 같던 보조금도 더는 없고, 요직 싹쓸이도 물 건너간 지 오래여서 그런지 예전만큼의 화력을 보여 주지 못하는 듯하다. 그래도 희소식은 있다. 앞으로 각종 요직에서 민언련으로 복귀할 인재풀이 매우 많다. 이에 '넉넉한 인력'을 바탕으로 음지에서 보수 진보 가리지 않고 모니터링 열심히 하며 지내길 바란다.

아이폰 고리대금업자들에게

내가 무죄를 확정받았음에도 '한 줌 무리'는 한동훈 검사장의 '아이폰'을 앵무새처럼 언급하며 정신승리를 시전 중이다. '검찰이 한동훈의 휴대 전화 비밀번호를 풀지 못하여 이동재가 무죄를 받았다'라는 게 그들이 쥐어짠 궁극의 논리다. 적용 법률과 사건의 내용을 자세히 모르는 일반인이면 모르겠지만 규모가 있는 언론의 기자나 법조인들이 이렇게 주장하는 것은 대중을 철저하게 기망하는 행위이거나, 혹은 자신이 기본적 법률 지식을 갖추지 못하였음을 자인하는 꼴이다.

우리 형법에서 '강요죄'는 폭행 또는 협박으로 사람의 권리 행사를 방해하거나 의무 없는 일을 하게 하는 범죄다. 여기서 협박은 '구체적인 해악의 고지'라는 구성 요건이 충족될 때 인정된다. 단군 이래 최초로 '강요미수' 사유로 구속 기소된 나를 두고, 법원은 협박은커녕 그 어떠한 '해악의 고지'조차 없다고 판결문에 적시했다. 즉, 기자의 정상적인 취재를 수사팀이 범죄처럼 둔갑시켰다는 것이다. 법원은 그뿐 아니라 사기 전과자가 사건의 원인을 제공했다고 판단하며, 검찰의 공소 사실을 '확장 해석'이라고 비판했다.

법원의 판단에 따르면, 이철에게 직간접적으로 전달된 편지와 녹취록 등 그 어떤 것에서도 '해악의 고지'가 전혀 없었으므로 휴대 전화는 아예 등장할 여지조차 없다. '아이폰'이든 '갤럭시'든 '화웨이'든 '소니'가 됐든 간에 말이다. 이 경우 문제가 되려면, 내가 누군가의 휴대 전화를 들고 이철을 찾아가서 그 휴대 전화로 머리를 내리찍는 등 직접 폭행이라도 해야 한다. 수사팀은 내 휴대 전화 속 '유심카드'는 물론 별도로 장착된 'SD카드'까지 낱낱이 들여다봤고, 《채널A》 후배 기자의 휴대 전화에서 팔만대장경 수준의 방대한 녹음 자료를 확보해 짜깁기 왜곡 공소장까지 만들어 냈다. 이들이 아이폰에 그토록 집착한 것은 어떻게든 '별건 수사'를 시작해 한동훈은 물론 윤석열까지 날리려고 했던 것이었음을 삼척동자도 짐작할 것이다.

추미애는 법무부 장관 시절, 휴대 전화 비밀번호 해제에 협조하지 않을 경우 처벌하는 내용을 담은 '비밀번호 강제법'을 추진하여 각계의 비판을 받은 바 있다. 심지어 우군인 민변과 참여연대마저도 "헌법을 무너뜨리는 지시"라며 추미애를 강하게 규탄했다. 이성윤 역시 법원이 아이폰과 무관하게 무죄 판결을 내렸음에도, 한동훈 검사장에 대한 무혐의 결재를 요청하는 수사팀에 "포렌식 기술이 발달할 때까지 기다린 뒤 무혐의 여부를 결정하자"라고 말한 것으로 알려졌다. 이게 법조인의 발언으로 어울리는 것인지 잘 모르겠다. 결국, 수사팀이 12번에 걸쳐 무혐의 의견을 올린 끝에, 정권이 교체된 2022년 4월이 돼서야 서울중앙지검은 한동훈 검사장에 대한 무혐의 결정을 내렸다. 물론 위와 같은 사건의 배경과 사실 관계를 아무리 자세히 설명해도 그들은 또다시 앵무새처럼 같은 소리를 반복할 것이므로 애초에 별다른 기대는 하지 않는다.

'이동재 무죄' 뒤에는 '한동훈 수사', 이정수는 이성윤과 다른

선택할까 (경향신문 / 2021.7.16.)

재판부 "검찰 연결이나 수사 영향 미친다고 인식 어려워"

10

뛰거나 혹은
맞짱 뜨거나

법조 기자의 하루

　　　　　　　　지금껏 사건 이야기를 몰아치듯
설명했으니 이제부터는 기자의 생활, 그중에서도 법조 기자 세계
에 대해 간략히 언급하며 숨을 좀 고르겠다.

"그런데 이 기자는 왜 기자가 되셨소? 요즘 기자는 나쁜 소리만
듣고, 돈도 못 벌고. 그러다 여기 와서 억울하게 고생하잖아."

"그러게요. 그것이 정답이네."

　구치소에서 수십 번 듣던 말이다. 법학과에 진학해 재학 중 몇
차례 행정고시에 응시했지만 낙방했다. 돌이켜 보면 치열하게 노
력하지 않았다. 음악, 영화, 독서, 사람 만나는 것으로 20대 초중
반을 그냥 그렇게 흘려보냈다. 심지어 군대도 다녀오지 못한 상
황, 어떻게 살아야 할지 앞날을 고민하다 대학을 졸업하고 스물여
섯 나이에 공군 학사 장교(사관후보생)로 입대했다. "20대 나이에 조

직의 중간 간부 역할을 한다는 건 MBA 과정을 밟는 것과 같나"라고 했던 한 선배의 조언이 있었다. 명색이 간부인 만큼 병사보다 훈련 과정이 인간적일 것이라 예상했지만, 완벽한 판단 착오였다. 훈련 기간 4개월 동안 철저하게 지옥을 맛봤고, 그 후 36개월이나 더 복무했다. 복무기간은 총 40개월이었다. 평균적인 사람들보다 두 배, 전 법무장관 조국 등 석사장교(6개월) 출신과 비교하면 7배 길었던 군 생활에 20대 중후반도 남김없이 완전히 지나갔다. 물론 군대에서 보낸 40개월이 없었다면 나는 이 기나긴 고통의 세월을 버텨 내지 못했을 것이다.

과거는 미화된다는 걸 참작하더라도 공군 장교 생활은 인생에서 가장 귀중한 시간이었다. 신입사원보다도 어린 나이에 조직의 중간 간부를 맡으며 비슷한 나이대에서 할 수 없는 사회 경험을 쌓았다. 다이아몬드 한 개, 소위 생활 1년간은 교대 근무로 일하며 전투기 관제를 했다. 매일 밤낮이 바뀌는 근무 체계와 외계어 같은 관제 용어, 그래도 긴장 속에 작전을 성공시킨 뒤 찾아오는 성취감이 좋았다. 종종 100여 명의 장병 앞에서 작전 브리핑을 하기도 했는데, 발성이 좋다며 "방송국에 지원해보라"는 소리를 듣곤 했다.

중위로 진급한 뒤엔 과거에 대위나 소령이 맡던 '지상 작전' 담당으로 보직을 이동했다. 국토 최전방 레이더 부대로 매달 출장을 다녔고, 2년간 대략 1천여 개가 넘는 문서를 다뤘다. 부대에 위관급 장교가 몇 명 없는 바람에 직접 방독면을 쓰고 화생방 훈련 조교 노릇도 했다. 일복은 타고났다. 정말 원 없이 일했다. 주변 간부들이 "문서 깔끔하게 잘 만든다"라며 군대에 말뚝 박으라고 권유했다. 훗날 이런 끔찍한 공작을 겪을 줄 알았다면 말뚝 박았을 텐데, 그때는 군대만 나가면 모든 게 해결이 될 거로 생각했다.

장교 전역 무렵 취업을 준비했고, 운이 좋아 이미 대기업 한두 곳에 합격했던 상황이었다. 당시 취업 사이트를 둘러보던 중 한 방송사의 채용공고가 홀린 듯 눈에 들어왔다. 나는 2005년 종군 기자 출신 미국의 전설적인 언론인 '에드워드 머로'의 일대기를 다룬 영화를 보고 마음 한구석에 기자의 꿈을 간직하고 있었다. 세상의 문 앞에서 후회 없이 도전해 보고 싶어 군대에서 브리핑하던 경험을 살려 방송 기자에 지원했다. 운이 좋아 필기시험과 실무 면접에 합격한 뒤 임원 면접에 들어갔다. 이렇게 수월하게 진행돼도 되나 싶을 정도였다.

"다른 회사는 어떤 곳 썼어요?"

"일단, 정유회사 등 합격한 상태고 삼성 그룹도 절차 진행 중입니다."

내 말에 면접관으로 들어온 임원들이 당황하는 표정을 짓는다. 나중에 알고 보니 다른 지원자들은 모두 '다른 언론사 어떤 곳에 더 지원했냐'는 의미로 받아들였다고 한다. 난데없이 정유사에 합격했다고 답변하니 '저 희한한 놈은 뭐지?'하고 생각했을 것이다. 언론사 입사 준비를 전혀 안 한 상황에서 최종 면접장에 왔으니 나로선 딱히 설명할 말이 없었다. 그렇다고 거짓말을 할 수도 없는 노릇 아닌가. 그래도 그런 모습이 나쁘게 보이지는 않았던지,

바로 그날 저녁 "《채널A》 수습기자 채용 최종 합격을 축하드린다"라는 전화 통보를 받았다. 마음 한구석에 꿈꿔왔지만 그렇게 진지하게는 생각한 적 없던 기자의 삶, '정의로운 일을 하고 살자'라는 단순한 생각에 고액 연봉의 정유사를 포기하고 《채널A》에 입사했다. 이후 주변 사람들에게 '너 돌았냐?'는 소리를 귀에 못이 박이게 들었다. 연봉과 삶의 질을 생각하면 그런 소리를 충분히 들을 만했다. 하지만 지금 생각해 봐도 기자 생활은 분에 넘치는 영광이었다. 기자로서 활동할 수 있게 기회를 준 《채널A》에 깊은 감사를 표한다.

입사 후 6개월간 혹독한 수습기자 생활을 거쳤다. 지금은 '주52시간제' 도입으로 강도가 많이 완화됐지만, 그때는 수습 기간 6개월이 훈련소 생활 못지않게 힘들었다. 아직도 수습기자 생활 첫날의 차갑고 습한, 외로운 공기의 향을 잊지 못한다. 매일 귀가 없이 경찰서에서 2시간 내외의 쪽잠을 자며 서울 시내 곳곳을 누볐다. 닥치는 대로 사건을 취재하고 1시간 간격으로 선배 기자들에게 보고했다. 어떤 사건이 됐든 보고할 거리를 찾아야 했다. 극한의 스트레스를 받지만, 사건에 대처하는 능력을 단시간에 쌓기엔 이만한 방법이 없는 것 역시 사실이었다. 사실, 취재와 보고가 힘든 것보다, 비극적인 현실을 수시로 보는 일이 몇 배는 힘들었다.

'우리나라에 이렇게 범죄 사건이 많았나. 왜 이리 또 자살하는 사람은 많은 걸까.'

매일 번민했다. 세상은 지옥이었다. 그런 세상에서 남의 이야

기를 풀어 먹는 직업, 역설적이지만 취재 '결과물'은 지옥에서 발
품을 파는 만큼 나왔다. 수습기자 시절 자그마한 '단독 기사'(아직
보도되지 않은 새로운 기사)도 썼다. 노인을 살인해 여행 가방에 유기한
뒤 피해자 딸 옆에서 교회 예배를 본 남성, 고 성완종 의원이 극단
적 선택 전 마지막으로 찾은 역술인 등 나름대로 새로운 내용을
발굴해 보도했다. 대중이 몰랐던 내용을 보도를 통해 알리는 일,
이 과정을 통해 사회를 환기하는 의미 있는 직업이라 생각했다.
그렇게 스스로에게도 의미를 부여했다.

그런 식으로 꾸역꾸역 6개월을 버텨 '수습'을 떼고 보통 기자가
됐다. 첫 부서는 사회부 사건팀이었다. 나는 강남 라인(서울 강남권
경찰서·기관 취재 담당)으로 배치됐다. 넓게 보아 서울 강남 지역에서
일어나는 모든 사건이 취재 대상이었다. 《채널A》는 당시로선 문
을 연 지 얼마 안 된 신생 회사여서 취재가 쉽지 않았다. 일단, 회
사 이름을 모르는 경우가 대다수였다.

"채널… 에… 뭐라고요? 그런 회사가 있어요?"

"채널A요. 동아일보에서 만든 방송이에요. 기억 좀 해 주세요."

"아, 이영돈 먹거리 X파일 거기 맞죠? 근데 거기서 뉴스도 해
요?"

"그럼요. 꼭 좀 봐주세요. 저희 정말 열심히 하고 있어요."

드물게 회사 이름을 아는 사람들은 종편에 정치적인 색안경을
끼고 바라보는 사람들이었다. 《채널A》를 알아도 걱정, 몰라도 걱
정이었다. 기존 대형 언론사보다 몇 배는 열심히 해야 비슷한 결
과물을 낼 수 있었다.

어차피 기자 일을 하는 거, 가장 잘하는 기자는 아니어도 가장 열심히 하는 기자는 될 수 있었다. 출근길에 들러 경찰 형님들과 함께 사우나를 하고, 퇴근 후에도 무턱대고 간식을 사서 경찰서에 찾아갔다. 유명인이 많이 모이는 곳인 만큼 강남경찰서는 교통조사계도 중요한 곳이었다. 견인차 기사들에게도, 택시 기사들에게도 "사건이 있으면 가장 먼저 알려 달라"며 명함을 돌렸다. 생각할 수 있는 취재 방법은 다 동원했다. 그래도 채워지지 않는 부분은 특종 기자로 이름 높던 조갑제 기자가 쓴 '특종 사냥법' 속 취재 기법을 따라 그대로 모방했다.

> 루틴한 취재를 반복하라. 출입처 이외의 기관도 정기적으로 챙겨라. 경찰서를 출입할 때는 구청도 드나들어라. 그러면 2중으로 취재지역을 훑을 수 있다. 취재 현장에는 반드시 가라. 현장에 가면 사무실이나 기자실에서는 상상도 하지 못하는 아이디어를 얻을 수 있다. 특종은 마음으로 하는 것이다. 취재를 피하는 취재원은 몇 번이고 찾아가는 성의를 보여라. 알아도 취재원에게 자꾸 물어봄으로써 상대방이 편하게 말할 수 있게 해줘야 한다. 취재원을 감동시키거나 신뢰를 주지 못하면 제대로 된 취재를 하지 못한다.
>
> _《《신동아》, 2006년 8월호.》

'특종 사냥법'대로 경찰서 외에 구청, 대형병원 장례식장 등 사건이 있을 법한 곳은 주기적으로 다 찾아갔다. 큰 사건 현장은 퇴근 후에도 무조건 들러 단서를 찾았다. 취재를 피하는 취재원은 무한 반복해서 찾아갔다. 운은 임자를 가려 찾아가도 노력은 사람을 가리지 않는다. 일은 힘들었지만 나를 신뢰하는 취재원들이 점점 늘어갔다. 그렇게 하나씩 하나씩 이뤄가며 기자로서 나름의 자리를 잡아갔다.

언론 속 그림자들

　　　　　　　　　　　언론사엔 다양한 취재 부서가 있다. 통상적으로 정치부, 사회부, 산업부, 경제부, 국제부, 스포츠부, 문화부, 편집부 등으로 나뉘는데 여러 부서를 두루 경험하는 기자도 있고, 한쪽 부서에서만 오래 일을 해 본의 아니게 살아 있는 화석이 되는 안타까운 예도 있다.

2015년 여름, 사건팀 캡(사회부 사건팀장 기자)이 "오늘은 일하지 말고 낮술이나 먹자"라며 서울시경(서울특별시 경찰청) 근처로 나를 불렀다. 캡은 파전에 막걸리를 한 사발 건네주더니 '설마' 했던 이야기를 꺼냈다.

"동재야, 너 강남경찰서까지 출근 힘들지? 앞으로 편하게 출근하게 해 줄게. 너 내일부터 서초동 법조로 출근하자."

"아니, 집에서 서초동이나 강남경찰서나 거리는 똑같은데…. 왜 하필 저예요?"

"응, 인생을 원하는 대로만 살 수는 없잖아. 내일부터 검찰청으로 출근해라."

알고 보니 급작스러운 인사이동은 법조팀에 몸담던 한 선배 기자가 회사를 그만뒀기 때문이었다. 그 나비효과 덕분에 산업부 IT 담당 기자를 꿈꿨던 나는 가장 취재가 어렵고 경쟁이 심한 출입처라는 법조에 첫발을 딛게 됐다. 인생이란 게 다만 원하는 대로 흘러가지 않았다.

> "여기는 사회의 '하수처리장'이야.
> 모든 안 좋은 사건이 여기로 모이지.
> 법조는 아예 안 오면 제일 좋은데.
> 인생에 딱히 도움도 안 되고.
> 근데 한 번 왔으니 넌 계속 오게 될 거야."

법조팀 근무 첫날 내게 이 말을 해 준 선배는 훗날 기자 일을 아예 그만뒀다. 나중에 생각해 보니 정말 그의 말 중에 틀린 게 단하나도 없었다. 그의 말대로 모든 게 맞아떨어졌다.

그렇게 세상의 모든 더러운 사건이 모인다는 서울중앙지방검찰청에 기자로 출입하게 됐다. 가장 취재가 어렵고 경쟁이 심한 출입처. 취재원이 없는 것은 물론 회사의 인지도도 낮아서 제보는 언감생심이었다. 그렇다고 남이 쓴 기사 '우라까이(베껴 쓰기)'만 하면서 시간을 허비할 수는 없었다. '우라까이'를 한 날은 자존심이 상하고 스스로 부끄러웠다. 남의 답안지를 그대로 커닝하는 느낌이었다. 오늘 내내 내가 허탕만 쳤다는 걸 시청자에게 들키기 싫었다. "내가 놓친 취재 포인트를 이 사람은 어떻게 접근했을까" 하는 생각으로 실력 있는 몇몇 기자의 기사를 매일같이 분석했다.

한두 달 바보짓을 하다 보니 앞으로 어떻게 일해야 할지 대충 눈이 뜨였다.

취재는 정보를 가진 이를 선점하는 게 핵심이다. 남들보다 1~2시간 일찍 출근해 지하철 2호선 서초역 출구에서 검사든 수사관이든 변호사든 꼭 만나고 싶은 사람들을 기다렸다. 그들이 지하철 출구를 빠져나오면 옆에 붙어 함께 이동하며 5분 남짓한 시간을 이용해 나를 어필했다. 그렇게 안면을 튼 취재원이 여럿 생겼다. 처음엔 무시당하기 일쑤였지만 몇 번 반복해 얼굴을 익히니 "몸 상하니까 이제 적당히 하시라"는 걱정까지 들었다. 이런 마음가짐으로 수입차를 팔았다면 전국적인 판매왕이 됐을 것이다.

퇴근 후 밤이 되면 불이 켜진 검사실 문을 두드렸다. 수사관 숙소 앞에서 야근 후 돌아오는 수사관을 기다렸던 적도 수십 번이다. 100명 중 99명은 손사래를 쳤지만 명함이라도 한 장 건네면 언젠가 인연이 될 수 있다고 생각했다. 중요 사건 수사가 진행될 때면 조사받고 귀가하는 참고인을 붙잡고 물어보려 검찰청사 앞에서 새벽까지 대기하곤 했다. 중요한 사건 참고인이나 그 사건 변호인이 자주 찾는다는 사우나 안에서 그들을 기다린 적도 부지기수다. 휴가나 출장을 갈 때도 그 지역 법조 취재원들을 찾았다. 제주도, 동해안, 서해안으로 참 많이도 다녔다. 그렇다고 내가 유달리 열심히 일한 것도 아니다. 나름대로 기사를 많이 쓴다는 사람들은 대체로 이 정도는 취재했다. 법조 기자단은 자신을 힘들게 하는 기자들이 유난히 많은 곳이다.

나는 일단 내 자존심부터 지키고 싶었다. 법조 기자들은 내놓는 기사를 통해 자연스럽게 신뢰괴 위치가 매겨진나. 주요 단독의 개수가 곧 점수로 귀결되곤 한다. 큰 사건이 터졌는데 취재가 안 된다? 이건 자존심의 문제이기도 하다. 나는 시청자가 《채널A》 뉴스만 봐도 그날의 주요 법조 뉴스는 놓친 게 없도록 만들고 싶었다.

일부 함량 미달의 매체는 법조 기자를 놓고 '검찰이 던져 주는 기사나 받아쓰기한다'라며 검언 유착 딱지를 붙여 악마화하지만 가당치 않은 소리다. 그런 매체의 기자들이야말로 취재 노력 없이 '정치 검사'가 주는 기사를 받아쓰며 '검언 유착'하는 것이 적나라하게 드러나지 않았는가. 하루에만 수천 건의 기사가 쏟아지지만 좋은 기사는 정말 어렵게 탄생한다. 그러나 간절한 마음으로 발로 뛰며 열심히 취재하면 좋은 기사를 쓸 수 있는 단서는 얼마든지 발견할 수 있다.

'단독 기사'는 이렇게

2017년 말, 나는 정치부 정당팀으로 인사이동해 이번엔 국회를 출입했다. 정치부 생활은 생각보다 몸에 맞지 않았다. '진보'와 '정의'를 외치던 자들의 구질구질한 민낯을 봤다. 평생 제대로 된 직업 한번 가져보지 않고 '학생운동'을 했다는 이력 하나만 내세우는, 인생을 기생충처럼 사는 이들을 지켜보는 건 고문이었다. "이런 수준의 한심한 사람도 세비를 받고 국가를 움직이는구나…" 탄식하는 순간이 잦았다. 그나마 소신 있는 정치인은 설 자리가 좁았다. 정치에 대한 부정적인 생각만

늘어났다.

1년 조금 넘는 정치부 정당팀 생활을 마치고 부서를 옮기고 싶다는 의사를 회사에 밝혔다. 설마설마했는데 또다시 법조팀으로 발령이 났다. 게다가 이번엔 '검찰반장' 자리였다. 이런 걸 의도한 건 아니었는데 인생이란 참으로 알 수가 없었다. 앞서 밝혔듯 나는 타사 검찰반장 연차의 절반도 안 되는 '소년 반장'이었다. 당시 내 연차는 공중파 방송사 법조팀의 차말진(막내에서 두 번째) 기자 수준이었다. 같은 팀에서 함께 일하게 된 후배들은 법조팀 경력이 아예 없거나 6개월 내외 정도였다. 앞이 캄캄했지만 그렇다고 열악한 사정만 탓할 수는 없었다. 법조 복귀 첫날부터 후배들을 불러 모았다.

"전임 반장이 취재원들하고 팀 약속은 자주 잡아 왔었니?"

"팀 약속은 거의 없었고요. 기업 홍보팀하고는 한 번 정도 먹은 거 같아요."

알아보니 내 전임자는 모기업인 《동아일보》 법조팀의 취재원 약속 자리에는 종종 동석하고, 후배들과는 좀처럼 팀 취재 약속을 잡지 않은 것이었다. 그러면서도 후배들에게 단독 기사를 닦달해 팀원들의 사기가 적잖이 저하돼 있었다. 그간 팀이 어떤 식으로 돌아갔는지 알 만했다. 취재는 각자 하는 것이지만 최소한 물고기를 잡는 방법은 알아야 하지 않겠는가. 곧장 법조계 취재원들에게 연락해 약속 수십 개를 잡았다. 자주 후배들을 불러모아 회의 시간을 가졌다.

How: 어떻게 바로잡아야 하나?

"나 때문에 피곤할 수 있지만 딱 1년만 같이 열심히 하면 성과물은 보장한다."

시기에 맞는 적절한 취재 테마를 발굴하고, 팀원들 간에 취재 내용과 정보를 엑셀 파일로 공유해 시너지 효과를 내게 했다. 쉬는 날에도 일부러 출근해 일하는 모습을 보여 주며 팀원들을 끝없이 압박했다. 내가 먼저 지독하게 열심히 일하는 모습을 보여서 자연스레 팀원들에게 부담을 주는 방식이었다.

"난 말이야. 모 정치인 뇌물수수 사건 때 뇌물 건넨 사람 어머니를 찾아가서 취재하다 옥돔까지 얻어먹고 나왔어. '더운데 물 한 잔만 주시라'고 애처롭게 얘기하니까 나중에 밥을 차려주시더라고. 사건 터지면 최선을 다해서 찾아가고 전화해 보는 거야."

지금 생각하니 꼰대도 이런 꼰대가 따로 없었다. 그래도 후배들의 능력이 좋고, 품성도 훌륭해 나의 빡빡한 업무 방식을 잘 따라왔다. 팀의 취재력이 자연스레 발전했고, 취재 결과물도 전임자 때와 비교할 수 없이 좋았다.

1997년, 우리나라에 IMF 위기를 불러왔던 '한보그룹 일가' 취재 기억이 특히 기억에 남는다. 한보그룹 정태수 회장의 4남 정한근 씨가 해외 도피 21년 만에 검거됐다는 사실을 포착해 특종 기사를 작성했다. 이후 추가 보도가 필요하다고 판단해 정 씨가 숨어 지내던 남미의 에콰도르에 법조팀 후배 기자를 급파했다. 시차만 14시간인 '대척점'이었기에 취재 공조가 쉽지 않았지만, 국내에서 파악할 수 있는 정보를 모조리 모아 새벽에라도 수시로 에콰도르에 전달했다. 그 정보를 에콰도르팀이 현지 취재에 활용했고, 정태수 회장의 현지 도피 흔적을 찾아 다수의 의미 있는 사실을 파악해 보도할 수 있었다. 팀원들과 함께한 이 열혈 취재로 회사 내·외에서 다수의 상을 받기도 했다.

또한 '드루킹 여론 조작 사건'이 불거졌을 땐 '드루킹 특별취재 TF' 활동을 하며 《채널A》가 주요 보도를 초반부터 주도할 수 있도록 했다. 드루킹 사건 얘기를 조금 설명하자면, 이 사건은 2018년 1월, 민주당 대표였던 추미애가 "네이버가 가짜 뉴스를 방치한다"라고 비판하자, 네이버가 경찰에 수사 의뢰를 하며 시작됐다. 추미애가 하는 일이 종종 그렇듯 이 사건은 민주당에 엄청난 악재를 몰고 왔다. 경찰과 특검 수사를 통해 2017년 19대 대선 당시 '드루킹' 김동원 씨와 그 일당이 문재인 후보에게 유리하도록 매크로(자동 입력 반복) 프로그램을 이용해 포털에서 여론을 조작한 것이 드러났고, 여기에 연루된 차기 여권 대선후보군 김경수 경남지사는 징역 2년 형의 실형을 선고받고 복역하게 된다.

'채널A 드루킹 특별취재 TF'는 드루킹 일당이 자체 개발한 여론 조작 프로그램, 일명 '킹크랩'의 명칭과 그 정체를 대중에게 처음으로 알리며 보도를 주도했다. 이밖에도 김정숙 여사가 대선 경선 때 "경인선에 가자"라고 외쳐 알려진 조직 '경인선經人先(경제도 사람이 먼저다)'을 드루킹이 주도했다고 처음 보도했다. 여권이 대선에 여론 조작 프로그램까지 만들어 활용했을 줄 몰랐고, 차기 대선 유력 후보가 개입했을 줄은 더욱 몰랐다. 팀원 한 명 한 명이 그냥 '끝장을 보자'는 생각으로 하루하루 최선을 다했다.

내가 검찰반장을 맡았던 기간, 《채널A》 법조팀은 주요 언론사 법조팀 중 가장 기자들이 연차가 낮은 팀이었지만, 성과물은 정상급이었다고 자부한다. 그렇게 1년 넘게 매일 마라톤 하듯 취재했고, 잘 못 먹는 술도 부지런히 마셨다. 더 열심히 일하는 타사 기자들 덕분에 물도 매일 많이 먹었다.[38] 돌이켜 보면 후회 없이 일한 시간이었다.

불량 자원과 '조국 사태'

문재인 대통령은 2019년 7월 25일 윤석열 신임 검찰총장 임명식에서 "권력형 비리에 대해 권력의 눈치도 보지 않고 사람에게 충성하지 않는 자세로 공정하게 처리해 국민들 희망을 받으셨다"라며 "그런 자세가 '살아 있는 권력'에 대해서도 똑같은 자세가 되어야 한다"라고 당부했다. 물론 윤석열 총장이 '눈치 없이' 이 말을 정말 곧이곧대로 믿을 줄은 꿈에도 몰랐을 것이다.

문재인 정권 최고위층 인사들의 각종 비리가 연달아 터지기 시작했다. 그중에서도 화룡점정은 단연 '조국 사태'였다. 그간 조국이 SNS를 통해 쏟아내던 '조만대장경'과 완전히 배치되는 내로남불 파렴치 비리가 쏟아지자, 여권은 반성이나 성찰 대신 화풀이 대상을 찾기에 바빴다. 여기에 함량 미달의 언론들까지 자발적인 어용이 되어 '검찰'과 '법조 기자단'을 '악마화'하기에 이른다. 정

---

38 특종을 놓침 혹은 그런 일을 뜻하는 '낙종'의 언론계 은어.

작 조국 사태보다 법조 발發 기사가 훨씬 더 많이 나오던 '최순실' 국정 농단 사건 때는 상상도 할 수 없던 광경이었다.

혹자는 "채널A가 검찰 빨대를 통해 단독 기사를 받아서 썼다", "이동재가 검찰 발로 '조국 사건', '울산시장 선거 개입 사건' 단독을 제일 많이 썼다"라는 소리를 하며 '검언 유착' 몰이를 했지만, 일선에서 성실히 취재하는 기자들은 이게 얼마나 덜떨어진 소리인지 잘 안다. 재미있는 게 정작 '조국 사건' 수사를 지휘하던 송경호 서울중앙지검 3차장(현 서울중앙지검장)은 내가 중요한 단독 기사를 연속으로 쓰자 보도 직후 직접 전화해 짜증을 내기도 했다.

"이 기자님, 어디서 듣고 자꾸 쓰는지 모르겠는데 우리 쪽에서 리크Leak(새는 곳)가 확인되면 가만있지 않을 겁니다."

"차장님, 저도 나름대로 열심히 취재해서 쓰는 겁니다. 검사가 아니어도 취재할 방법은 여러 가지 있어요."

'조국 사건' 당시 송경호 3차장과 목소리를 높이며 통화했던 순간이 종종 있었다. 검찰은 2019년 9월 6일 조국의 법무부 장관 인사청문회 도중, 부인 정경심 전 동양대 교수를 딸 조민의 동양대 표창장 위조 혐의(사문서 위조)로 기소한다. 정경심은 영화 '기생충' 속 위조 수법처럼 직접 오려 붙여가며 표창장을 만들었다.

정경심 기소를 두고 MBC 〈PD수첩〉은 '익명의 현직 기자'의 입을 빌려 "검찰이 특정 기자들한테 '11시쯤 법원에 공소장을 보낼 거다. 발표는 12시 이후에 할 테니까 아침 자로 준비하라'라는 팁을 줬다"라고 밝혔다. 그러면서 "검찰과 보수당과 언론의 3자 커넥션이 작동했다"라는 멘트를 함께 내보냈다. 검찰과 보수당과 언론이 한통속이 되어 조국 일가를 공격했다는 논리다.

검찰이 특정 기자들한테 '우리가 11시쯤 법원에 (공소장을) 보낼 거다. 하지만 발표는 12시 이후에 할 테니까 그렇게 알고 아침 자로 준비해라' 이렇게 팁을 줬어요. 검찰과 보수당과 언론의 3자 커넥션이 작동한 그 시간이었던 거 같아요. 8시부터 12시 사이에."

_ 〈2019.10.1. MBC 'PD수첩' 중 발췌〉

조국의 청문회는 '표창장 위조' 공소 시효를 단 하루 남겨둔 날에 열렸다. 사실, 법조 기자가 아니어도 '10진법'을 알고 '사칙연산'을 할 줄 아는 사람이면 당연히 정경심이 기소될 것이라는 건 어렵지 않게 예측할 수 있었다. 나는 이날 오후 5시쯤 기사 마감을 앞두고 송경호 3차장에게 전화를 걸었다.

"차장님, 몇 시간 후 공소 시효 만료인데 검찰이 기소 안 하는 게 문제 아닙니까?"

"이 기자님, 그렇게 가정적으로 좀 물어보지 마세요. 그런 식으로 하시면 곤란합니다."

권언 유착 집단으로부터 '검언 유착'의 표상처럼 집중 공격받던 내가 이 정도로 문전박대를 당했는데, 검찰로부터 '팁'을 받고 커넥션까지 가동한 특정 기자들은 과연 지구에 존재했을까. 어쨌든 검찰이 뉴스 방영 때까지 정경심을 기소하지 않은 상황이었으니 《채널A》는 "오늘 자정 전 기소할지 결정할 것으로 전해졌다"

라는 예측밖에 보도할 수 없었다. 신문사 역시 혹시 모르니 기소와 불기소 두 가지 버전으로 기사를 작성한 뒤 기소 직후에 1면 기사로 정경심의 기소 소식을 배치했다. 보수와 진보 신문 공히 마찬가지였던 것으로 안다. 정작 조국 사건 수사를 총지휘하던 송경호 검사는 매번 짜증을 내며 나와 다퉜는데, 훗날 이성윤·정진웅 수사팀은 내게 구속 영장을 청구하며 "송경호 등도 연루됐을 가능성이 있다"라고 적었으니 헛웃음이 나올 지경이었다.

많은 사람의 예상과 달리 조국 수사 당시 검찰은 "유난을 떤다" 싶을 정도로 수사 보안을 강하게 유지했다. 입이 몹시 무겁고 언론 친화적이지 않은 송경호 검사는 기자들의 취재 확인 전화조차도 대부분 거부했고, 앞서 본 내 사례처럼 중요한 내용이 보도되면 기자에게 대놓고 화를 내기도 했다. 당시 여권은 조국 일가의 각종 비리 혐의가 보도되자 급한 마음에 '피의 사실 공표'로 검찰을 고발했고 조국은 아예 '형사 사건 공개 금지 규정'까지 만들어 댔지만, 사실 주요 혐의는 검찰 밖에서 광범위하게 확인할 수 있었다.

조국 딸 조민의 '입시 비리 의혹'은 역설적이게도 조민 그 자신을 통해 어렵지 않게 취재 가능했다. 조민은 중고등학생과 대학생이 주로 사용하는 지식 공유 사이트 '해피캠퍼스'에 자신의 자기소개서와 이력서를 올려놓고 수험생들에게 유료로 판매했다. 어떤 것은 수천 원 수준이었고, 어떤 것은 1만 원이 넘었던 것으로 기억한다. 조금만 인터넷 검색 능력이 있는 사람이라면 이 자료가 조민의 것임을 아주 쉽게 확인할 수 있었다. 조민이 워낙 빼곡

하고 상세히 본인의 내역을 적어놓은 덕분에 '해피캠퍼스'에서 구매한 자기소개서만 잘 확인해도 취재에 아주 큰 도움이 됐다. 조민의 '해피캠퍼스' 자기소개서를 바탕으로 앞뒤가 안 맞는 부분만 거꾸로 올라가며 확인하면 취재는 어렵지 않게 끝났다. 현실이 이랬는데 "검찰이 몽땅 흘렸다"라며 있는 대로 모조리 틀어막아 봤자 나올 기사가 안 나왔겠는가. "피의 사실 공표를 주장하며 공격할 거면 조국 딸 자소서부터 어떻게 좀 하지 그래." 다수의 법조 기자들은 자발적 어용 언론의 삼류 선동에 그저 코웃음을 칠 뿐이었다.

또 하나 기억에 남는 이야기를 적어 본다. 조국 사건이 한창일 무렵, '친 조국 성향'으로 대놓고 유명했던 유력 매체 기자가 내게 '핵심 참고인' 취재에 관해 물었던 일이다.

"동재 씨네는 A씨 쪽 어떻게 취재했어요? 내 전화는 안 받던데…"
"그러면 100번 전화하고, 10번 찾아가 보세요. 그런 식으로 해보시면 한 번쯤은 응대할 거예요."

질문에서 알 수 있듯 해당 매체의 기자도 타 언론사 법조팀이 기사를 날로 먹는 게 아님을 알고 있었다. 정파의 이익을 우선시하고 취재 노력은 하지 않던 그들은 남들이 시간과 영혼을 갈아넣은 결과물을 급기야 검찰과의 결탁으로 비하·매도하기에 이르렀다. 기자가 그런 식으로 일하면 10년, 20년을 일해도 발전이 없다. 그런 정신머리로 일하는 건 감나무 밑에서 그냥 입 벌리고 있느니만도 못한 짓이다. 나는 검찰 조사받고 나오는 참고인에게 한 마디라도 듣기 위해 자정 넘어까지 일상적으로 기다리며 자발적인 '뻗치기'[39]를 했다. 나만 이렇게 일한 게 아니다. 정치적인 이해관계없이 보편적 정의를 위해 취재하던 일반적인 기자들은 대부분 이렇게 일했다.

'이중잣대'라는 전가의 보도

2019년 '법무부 산하 검찰 과거사 위원회'가 김학의 전 법무부 차관 성접대·뇌물 의혹 사건을 다룰 당시의 일이다. 그해 3월 문재인 대통령이 김학의 사건에 대한 '철저한 진상 규명'을 직접 지시하면서 과거사위가 한창 활발하게 활동을 이어 가던 때였다.

어느 날 오후 5시 무렵, 진보 성향 언론사의 A 기자가 과거사위 소속으로 활동하던 법조인 B 씨와의 대화를 복기해 법조 기자단 전체 단톡방에 올린 일이 있었다. 회사 단톡방으로 착각해 실수로 잘못 올린 모양인데, 나를 비롯해 적잖은 기자들은 글이 삭제되기 전 잽싸게 캡처해 내용을 확인했다. '그간 김학의 사건 보도가 이런 식으로 흘러나왔겠구나…'하고 파악할 수 있었다. A 기자는 훗날 내 수사 당시에도 그 출처가 뻔한 기사로 나에 대해 악의적으로 보도했고, B 씨는 과거사위 활동 당시보다 더 출세한 사람이

---

39 주요 사건 관계인을 오랫동안 기다리는 언론계 은어.

How: 어떻게 바로잡아야 하나?

되어 검찰 개혁을 부르짖는 투사처럼 활동하고 있다.

문재인 정권 동안 대한민국의 언론계에선 유달리 '이중잣대'가 전가의 보도처럼 적용되었다.

나에 대한 수사와 재판 당시에도 몇몇 '함량 미달의 언론'은 유출된 '피의 사실'에 악마의 편집을 거쳐 적극적으로 보도하면서 끔찍한 '허위 사실'과 함께 유포했다. 특정 정치 세력에 불편한 보도는 피의 사실이 조금이라도 묻어 나오면 근거도 없이 '유착'으로 몰아세웠던 자들이 이럴 땐 더없이 관대했다. 어떤 주장을 할거면 최소한 잣대는 같아야 하지 않을까.

일례로 '조국 사태' 당시 많은 언론사의 취재진이 조국이 거주하는 아파트 앞을 지켰다. 국가를 뒤흔든 비리 사건, 압수 수색이 이뤄질 것은 상식적으로 너무도 자명했다. 그 동네에 사는 초등학생도 압수 수색은 예상했을 것이다. 모두의 예상대로 검찰이 압수 수색에 나섰다. 이를 두고 특정 세력과 그에 기생하는 삼류 언론은 "검찰이 압수 수색 사실을 흘려서 취재진이 진을 치고 있었다"라고 거짓 선동했다. 이게 가당키나 한 소린가. 압수 수색 당일 조국 집에서 나온 음식 배달원에게 질문하던 기자들은 사진과 함께 '박제' 당해 좌파 성향 커뮤니티 사이트에서 '기레기'라며 조리돌림을 당했다. 본질과 상관없는 자극적인 단어로 프레임을 잡아 공격하고, 티끌이라도 정신승리 하려 하는 게 그들의 저급한 패턴이다.

조국이 장관에서 사퇴한 날, 문재인 대통령은 "언론은 스스로 깊이 성찰해야 한다"라고 했다. '최순실(최서원) 국정 농단 사건' 당시엔 몇 배는 강한 강도로 언론의 취재가 이뤄지고 피의 사실이 매일 실시간으로 브리핑 됐지만, 선동으로 기자를 조리돌리는 일은 좀체 찾기 어려웠다.

'MBC 기자의 경찰 사칭 사건' 당시엔 어땠는가. MBC 양윤경 기자가 대선을 앞둔 2021년 7월 12일 김건희 여사의 박사 학위 논문 표절 의혹을 취재하는 과정에서 경찰 사칭과 주거 침입 혐의로 재판에 넘겨져 1·2심에서 벌금 150만 원을 선고받았다. 당시 MBC의 불법 취재를 두고 "혐의가 중하고 죄질이 좋지 않다"라는 비판이 다수 제기됐으나, 유죄까지 받은 MBC 기자의 실명을 다룬 보도는 놀랄 만큼 거의 이뤄지지 않았다. 모든 혐의에서 무죄가 확정된 내가 수사와 재판 과정에서 1만 번 넘게 대대적으로 실명 보도된 것과 비교하면 너무나 대조적이지 않는가.

자칭 '미디어 비평지'라는 인터넷 언론《미디어오늘》은 나에 관해 하루에만 10여 건의 보도를 쏟아내며 비난에 열을 올렸지만, MBC 양윤경 기자를 놓고는 검찰에 기소 의견으로 송치된 당일에도 기사를 쓰지 않았다. 이들은 심지어 양윤경 기자가 유죄를 선고받은 날도 실명 보도를 하지 않았다. 《미디어오늘》은 그 와중에 '민언련'의 보도자료는 확성기처럼 보도했다. 대체 이들은 왜 이러는지 의문이었다. 알고 보니《미디어오늘》의 대주주가 '민노총 언론노조'와 'MBC 민노총 언론노조'[40]였다. 창간 명부터《언론노보》로 민노총 언론노조의 '기관지機關紙'라고 할 수 있다. 사실상

---

40 금융감독원 전자공시시스템 2020년 자료.

How: 어떻게 바로잡아야 하나?

같은 팀 선수가 심판 흉내를 내고 있었으니 '이해 충돌'이었다. 비단 《미디어오늘》뿐만 아니라 전반적인 언론계의 상황이 그렇다.

앞서 밝힌 '김학의 사건' 관련 얘기를 좀 더 해보자면, 과거사위원회 활동 당시 김학의 사건의 '키맨'인 사업가 윤중천 씨를 장시간 만나 제대로 취재했던 기자는 나와 《중앙일보》 김기정 기자(윤중천 씨와 같은 해병대 출신) 등 극소수에 불과했다. 나는 윤 씨를 수차례에 걸쳐 설득한 뒤 직접 《채널A》 본사로 윤 씨를 데려왔다. 나는 윤 씨를 인터뷰하며 그에게서 문제의 그 별장에 온 적 있다는 좌파 인사 등 몇몇 정관계 인사들의 이름을 추가로 들었지만 보도하지 않았다. 별장에 온 것 자체만으론 아무런 문제가 되지 않을뿐더러 그마저도 윤 씨의 일방적 이야기였기 때문이다.

《한겨레》는 조국 일가 비리 수사가 한창이던 2019년 10월 11일, 신문 1면에 "윤석열 검찰총장이 윤 씨의 별장에 와서 수차례 접대를 받았고, 검찰이 사실 확인 없이 수사를 마무리했다"라고 보도했다. 조국 수사로 정치권의 대대적인 공격을 받던 검찰총장을 '성 접대나 받고 다니는 파렴치범'으로 만드는 심각하고 고약한 허위 보도였다. 내가 취재하기로도 윤석열 총장은 이런 사실이 전혀 없었다. 윤중천 씨를 제대로 취재했던 기자들은 기사 제목을 읽는 순간부터 기겁과 실소를 금하지 못했을 것이다.

《한겨레》 보도에 윤석열 총장과 대검찰청은 물론 윤중천 씨조차 '허위 사실'이라며 강하게 반발했다. 결국 윤 총장에게 고소를 당한 《한겨레》는 7개월이나 질질 끌다 2020년 5월이 되어서야 사과 보도를 했다. 《한겨레》가 사과를 미루는 동안 여권과 '음모론자'들은 문제의 오보를 퍼 나르며 윤 총장 비난에 열을 올렸다. 《한겨레》의 오보 당시, 법조 기자들은 그 무렵 일부 진보 언론에서 쏟아졌던 허위 보도가 어디서 비롯됐는지 대부분 짐작했다.

대검 진상조사단에서 활동한 박준영 변호사는 《한겨레》 허위 보도의 출처로 과거사위원회 주무 위원이던 김용민 더불어민주당 의원과 진상조사단 단원인 이규원 검사를 지목했다. 박 변호사는 "억울하면 고소하라"고 했지만, 과문한 탓에 이들이 고소했다는 소식은 아직 못 들어봤다. 박 변호사는 "언론 탄압으로 몰고 가며 윤석열 전 총장이 고소를 취하하게끔 하는 과정을 지켜보면서 참 염치없는 사람들이라는 생각을 하지 않을 수 없었다"라고 일침을 날리기도 했다.

한편, 김학의 전 차관이 2019년 3월 인천공항에서 전격 출국금지돼 발길을 돌리던 영상 역시 공교롭게도 특정 방송사 2곳(MBC, JTBC)과 신문사 1곳(한겨레)의 카메라에만 포착됐다. 물론 이거야 MBC, JTBC, 《한겨레》가 남들보다 더 열심히 취재한 결과물이라고 볼 수도 있다. 정말 신기했던 건 김학의 전 차관이 출국금지되기 약 1시간 전부터 '김학의 출국 금지' 기사가 '단독' 딱지를 붙여 《한겨레》에서 대대적으로 보도됐다는 점이다. 《한겨레》는 2019년 3월 22일 오후 11시 19분, "[단독]김학의 한밤중 타이로 출국하려다가 '긴급 출국 금지'"라는 기사를 온라인상에 게재했다. 그러나 이규원 검사가 법무부에 출국 금지를 신청한 시각은 2019년 3월 23일 0시 8분, 출국 금지는 0시 10분이 되어서야

How: 어떻게 바로잡아야 하나?

내려졌다.

나는 그동안 취재가 잘 된 기사는 많이 봤어도 '미래를 점치는 기사'는 이때 처음 읽어 봤다. 2054년을 배경으로 '범죄를 예측해 범죄자를 미리 잡는다'라는 내용을 담은 SF영화 '마이너리티 리포트'를 보는 것 같았다. 물론 다수의 법조 기자들은 《한겨레》의 미래 예측 기사가 어떤 사람으로부터 비롯된 것인지도 아주 잘 알고 있다.

추미애 라인과 '한겨레'의
콜라보레이션

보수 언론이 정부 고위직 인사의 파렴치 범죄 행위 사건에 대해 검사의 자료를 받아 '봐주기 하명 보도'를 하면 어떻게 될까. 심지어 보도 내용이 '여론 조성용 허위'라면? 이건 말할 것도 없다. 진보 언론과 좌파 성향 언론 단체 수백 곳으로부터 '검언 유착'이라며 나노 분자가 되도록 까인 뒤 사옥은 검찰에 압수 수색을 당하고, 기자는 구속될 것이다.

추미애가 법무부 장관일 때 법무부 차관을 지낸 이용구라는 사람이 있다. 이용구는 '민변(민주 사회를 위한 변호사 모임)'과 진보 법관 모임 '우리법연구회' 출신으로, 법무부 법무실장을 역임하는 등 문재인 정권 법조계의 최고 핵심 인사였다. 2020년 11월 6일 밤, 탄탄대로였던 이용구의 인생에 '급브레이크'가 걸렸다. 그는 자택 앞에서 술에 취한 자신을 깨우려던 택시 기사의 목을 조르며 욕

설을 내뱉었다.

> **택시 기사** 여기 내리시면 돼요?
> **이용구** 이 XXX의 XX.
> **택시 기사** 왜 욕을 하세요?
> **이용구** 너 뭐야?"

이용구는 사건 이틀 후 택시 기사에게 연락해 폭행 장면이 녹화된 블랙박스 영상 삭제를 요청하며 합의금 1000만 원을 건네 증거 인멸을 교사했다. 폭행 당시 이용구는 초대 '고위공직자수사처장' 후보로도 이름이 거론되던 유명 인사였다.

만일 아이돌 가수가 이런 짓을 했다면 곧장 업계에서 퇴출당하고 영원히 재기 불능이 되었을 텐데 문재인 정권 법조계 코어인사는 역시 뭔가 달라도 달랐다. '운행 중'인 대중교통 운전자를 폭행할 경우 특정범죄가중처벌법상 운전자 폭행 혐의가 적용되는데, 이 경우 피해자의 의사와 상관없이 5년 이하의 징역 또는 2000만 원 이하 벌금형으로 처벌된다. 그러나 이용구의 폭행 사건을 접수한 서초경찰서는 "택시가 운행 중이 아니었으며 택시기사가 처벌을 불원한다"라며 반의사불벌죄인 '단순 폭행' 혐의를 적용했다. 이에 따라 이용구는 입건조차 되지 않았다. 문재인 청와대는 폭행 사실을 인사 검증에서 알고도 내사 종결 처분을 받았다는 이용구의 답변을 듣고 차관 임명을 강행했다. 추미애는 '상당히 신사적인 분'이라며 이용구를 옹호했다.

How: 어떻게 바로잡아야 하나?

택시 기사는 조사 과정에서 휴대 전화 속 블랙박스 폭행 영상을 경찰에게 보여 줬지만, 해당 경찰은 운행 중 차량에서의 폭행이 아니라며 사건을 덮었다. 경찰은 통상적으로 변속기가 'P(주차)'인 상태에서도 '운행 중'이라고 보는데, 이용구의 경우 변속기가 'D(주행)' 상태였어도 "운행 중이 아니"라고 결론지은 거다. 그렇지만 권력자의 비위를 밝히는 용기 있는 사람이 세상에 몇 명쯤은 있는 법 2020년 12월 19일 《조선일보》의 단독 보도로 이용구의 택시 기사 폭행 사실과 경찰의 내사 종결이 세상에 드러났다. 경찰은 부랴부랴 재수사에 착수했다. 당시 구속 상태였던 나는 이 기사를 접하고 그들의 지독한 '내로남불'과 '유권 무죄'에 피가 끓도록 분노했었다.

'추미애 법무부에선 술 먹고 무고한 사람을 패도 차관이 되고,

범죄마저 있던 게 없던 걸로 되는데

나는 뭐지? 이게 말이 되나.'

대부분의 언론사가 이용구의 음주 폭행 취재에 뛰어들어 열을 올릴 때 다른 방식으로 열을 올린 언론사가 있었다. 《한겨레》였다. 《한겨레》는 《조선일보》의 단독 보도 이틀 후 〈이용구 차관 관련 검찰 수사 지침 "목적지 도달 뒤엔 운행 중 아니다"〉 제하의 기사를 보도했다.

《한겨레》는 서울중앙지검의 '개정 교통 사범 수사 실무'를 근거로 "목적지에 도달했으나 승객이 자고 있어 깨우는 경우에는 운

행 목적이 달성되어 운전 의사가 종료되었다고 할 것이므로 '운행 중'에 해당하지 않는다고 규정했다"라고 보도했다. 그러면서 "이 차관 사건은 특가법 위반이 아닌 단순 폭행이어서 검찰에 송치됐어도 피해자의 처벌 불원에 따라 불기소 처분이 될 사안이었던 셈이다"라고 아주 상세하게 설명했다. 짧게 말하자면 "어차피 이래저래 무혐의여서 결국 무혐의"라는 것이었다. 물론 이 기사는 사실과 '전혀' 달랐다. 완벽한 오보였다.

이런 '어용 기사'는 어떻게 나왔을지 궁금했는데, 윗선의 행동에 참다못한 《한겨레》의 젊은 기자 40여 명이 성명서를 내고 집단 폭로에 나서면서 그 실상이 드러났다. 젊은 기자들은 "'추미애 라인' 검사에게 받은 자료를 사실 확인도 하지 않고 받아 썼고 이 과정에서 오보가 발생했다"라며 대중에게 털어놨다. 친 민주당 성향인 독자층을 생각하면 상당히 용기 있는 고백이었다.

더 설명할 필요가 없는 완벽한 '검언 유착'이었다. 성명서를 쓴 기자들은 "한겨레는 조국 사태 이후 권력을 검증하고 비판하는 데 점점 무뎌지고 있다"라며 "데스크에서 구체적인 정황이나 물증 없이 '한쪽 편을 드는 기사'를 현장에 요구하며 설명하는 게 소통이 아니다", "현장에선 더는 '법무부 기관지', '추미애 나팔수'라는 비아냥을 듣고 싶지 않다"라고 통렬히 자기 고백을 했다.

젊은 기자들의 용기 있는 단체 행동에 《한겨레》의 사회부장은 보직을 사퇴했는데, 훗날 이 사람은 윤석열 정부가 출범하자 "정의로운 검찰은 없다"라며 이른바 '검찰 국가'를 비판하는 책을 발간한다. 책까지 내고 '검찰 국가'라고 고고하게 비판할 거면 애초부터 '추미애 라인 검사'가 건넨 '징의롭지 못한 자료'를 받아쓰기 하지 않았어야 하는 게 이치에 맞지 않았을까. 아니면 '추미애 라인 검사'는 '검찰 국가'의 일원이 아니어서 딱히 문제없다는 논리인 건가.

이 무렵《채널A》동료들은 구속 중이던 내게 보낸 편지에서 "각고의 노력 끝에 폭행당한 택시 기사를 만났다. 이동재 몫까지 취재해서 단독 기사 내보냈다. 힘내라"라고 설명했다. 달콤한 권력에 야합하는 대신, 며칠간 발에 땀 나게 뛰며 추악한 진실을 밝혀준 동료들 덕분에 그날 하루는 몸이 갇혀 있어도 후련했다. 공작이 시작된 뒤 오랜만에 기분 좋게 웃어본 날이었다.《채널A》동료들과 진실을 추구하는 많은 기자의 활약으로 결국 이용구는 특가법상 운전자 폭행과 증거 인멸 교사 혐의 등으로 1심과 2심 모두 징역 6월에 집행 유예 2년을 선고받았다.

조국을 사랑한
기자들의 환장쇼

또 다른 대표적인 이중잣대를 소개해 본다. 우리 형법엔 '피의 사실 공표죄'라는 게 존재한다. 말 그대로 수사에 관한 직무를 행하는 검찰이나 경찰 등이 수사 과정에서 알게 된 피의 사실을 기소 전에 밝히면 성립하는 죄다. 나는 국민의 알 권리도 중요하기에 수사 내용이 언론에 알려지는 '그 자체'는 문제가 되지 않는다고 생각한다. '직선제'로의 전환을 불러온 1987년 '박종철 고문치사 사건' 역시 수사 내용이 검사의 입을 통해 언론으로 전해진 것에서 비롯됐다. 사회적으로 지탄받는 흉악범의 경우, 경찰 수사 단계에서 생방송 하듯 피의 사실이 공표되는 게 다반사다. 이에 그 내용의 중요성과 공공의 이익에 부합하는 정도 등을 충분히 검토해 본 뒤에 적용해야 한다는 생각이다. 사실, 피의 사실 공표죄보다 더 심각한 문제는 거짓 내용으로 국민을 선동하고 누군가의 인격을 말살하는 '허위 사실 유포'다.

내 경우를 보더라도 수사 과정 내내 피의 사실 공표와 허위 사실 유포가 아주 일상적으로 이뤄졌다. '조국 사건'처럼 참고인이 많아서 피의 사실을 들을 수 있는 다양한 루트가 있는 것도 아니었고, 조민처럼 '해피캠퍼스'에 자기소개서 같은 걸 올려놓은 것도 아니었다. MBC는 내가 구속된 지 사흘날, 내 '영장 청구서' 내용을 깨알같이 보도했다. 심지어 나조차 조사 과정에서 접하지도 못했던 내용이었다. 영장 청구서는 피의자와 검사가 아니면 확인할 수 없다. 출처는 뻔했다. KBS의 허위 날조 보도 사건을 덮기 위해 수사 기밀이 유출된 것이다. MBC 박성제 사장은《미디어오늘》과의 인터뷰에서 "우리는 조국 국면에서 검찰 주장이 재판에서 깨질 수 있기에 일방적 검찰 받아쓰기는 지양해야 한다는 입장이었다. 국민들에게 선입견을 주면 안 되기 때문이다"라고 강조했었다. '검언 유착'을 부르짖던 사람들이면 검찰발 기사에 '경기驚氣'를 일으킬 줄 알았는데, 역시 공영 방송과 친문 검찰에 적용되는 기준은 달라도 한참 달랐던 모양이다.

조국 일가 비리 수사 당시 조국을 옹호하며 검찰의 피의 사실 공표를 유난히 비판하던 모 언론사 기자들 관련 이야기도 덧붙인다. 법조 기자들 사이엔 익히 잘 알려진 이야기다. 모 언론사 검찰 반장이었던 A 기자는 문재인 정권 초기에 한 검찰 고위 간부를 찾아가 다짜고짜 맡겨진 물건 찾듯 "단독 기사를 달라"고 강하게 요구했다. 사채업자가 빚 독촉하는 것도 아니고 이게 무슨 추태인가. 일반적인 법조 기자들로서는 상상도 할 수 없는, 자존심을 버린 낯부끄러운 장면이었다. 외부에서 어느 정도 취재를 한 내용을 바탕으로 오보 여부 정도를 확인하는 것도 아니고, 어깨에 힘을 주고 뜬금없이 찾아가 '단독 기사를 내놓으라'고 강요하니 검찰 간부 역시 심히 황당할 수밖에 없었을 것이다. 이것이야말로 '강요미수'에 해당할 사안이다. 이 언론사의 B 기자 역시 검찰 고위 간부를 찾아가 "왜 (같은 회사의) C 기자만 상대하냐"며 떼를 쓰기도 했단다. 사정을 알아 보니 B 기자와 C 기자는 같은 회사, 같은 팀 기자지만 사이가 좋지 않았다. 그런 사람들이 '검찰 개혁 투사'의 가면을 쓰고 피의 사실 공표를 추상같이 비판하니 코미디가 따로 없었다. 아무리 뻔뻔하게 철판을 깔고 '언론 개혁 투사' 흉내를 내도 알 사람은 그들의 너절한 수준을 다 안다.

　그러면 이 무렵, 검찰이나 법무부는 어땠을까. 서울중앙지검장이던 이성윤은 '김학의 불법 출국 금지 사건' 당시 자신의 연루 의혹을 다룬 기사가 쏟아지자 아래와 같은 문자를 법조 기자단에다 뿌렸다.

사실과 다른 내용이 특정 언론을 통해 보도되고,

수사 관계자만 알 수 있는 내용이 위법하게 공개되는 것에 대해

향후 강력한 법적 조치를 검토하겠다.

　서울중앙지검에서 수사했던 나와 관련된 내용은 공영 방송을 통해 깨알같이 자세히 공표되거나 허위 사실까지 유포돼도 전혀 상관이 없지만, 본인들과 관련된 일은 절대 용납할 수 없다고 생각한 모양이다. 박범계 역시 법무부 장관 시절인 2021년 7월 '형사 사건 공개 금지 등에 관한 규정' 개정 방침을 밝히면서, '라임펀드 사기'와 '월성 1호기 원전 조기 폐쇄' 보도 등을 수사 정보 유출 의심 사례로 거론했다. 법률과 규정이 언론사별로, 정치적 사안 별로 달리 적용되는 것인지 의문이다. 아니면 '이동재 정도'는 '우리 편'이 아니니까 얼마든지 법규 적용을 달리해도 상관없다고 보는 것일까. '검찰·언론 개혁'을 부르짖던 이들의 주장에 일말의 진정성이라도 존재했던 것일까.

이동재의 진짜 팩트 체크

한겨레 기자들 폭로 "秋 라인 자료로 이용구 봐주기 기사 썼다" (중앙일보 / 2021.1.27.)

"자료 건넨 秋 라인 검사는 이종근 검사장"

《한겨레》, 文 정권의 법무부에 유독 관대

II

다시 찾아올 '공작'을 대하는
우리의 자세

끝까지 물어야 할 것은

무죄 판결 후 나는 인터뷰에서 "반드시 끝까지 책임을 묻겠다"라고 했다. 조직화한 거대 세력에 맞서 혼자 분투하는 것이 여간 어려운 일이 아니라는 걸 새삼 느끼고 있다. 나는 허위 사실을 유포해 검언 유착 프레임을 만든 수백 개의 유튜브 채널과 방송 수천 개를 직접 하나씩 뒤져 피해 내역을 파악하고 정리했다. 특히 김어준의 경우 10여 차례에 걸쳐 TBS 〈김어준의 뉴스공장〉과 유튜브 〈딴지방송국〉에서 허위 사실을 유포했는데, 각종 '유사 언론 카르텔'과 아류 유튜버들이 김어준의 발언을 '경전'처럼 신봉하며 무한대로 확산시켰다. 김어준으로 인한 피해 규모가 상당할 것이라 예상은 했지만 이렇게나 큰 피해가 발생했을 줄은 상상도 하지 못했다.

나는 그간 주요 인물들의 혐의와 증거를 직접 정리해 일일이 고소장으로 만들었다. 직접 고소장을 제출해도 경찰은 고된 일에 시달리는지 적극적으로 수사에 나서지 않았다. 그럴 때마다 탄원서와 추가 증거를 제출하며 최소한의 수사만이라도 좀 해달라고 당부했다. 성북경찰서는 '증거 불충분'을 이유로 김어준을 무혐의 처분했다. 검찰은 '재수사 요청'을 했고, 법원도 민사 소송에서 김어준의 허위 사실 유포를 인정했다. 각종 핑계를 대며 처리를 미루던 경찰은 뒤늦게 '기소 의견'으로 검찰에 송치했다. 군 복무 기간이 18개월인 세상인데, 김어준 송치에만 20개월이 걸렸다.

수사권 조정을 단행한 문재인 정권이 원망스러웠다. 예전처럼 검찰도 명예 훼손죄의 직접 수사가 가능했다면 경찰에 고소하지 않았을 것이다. 고소는 정말 아무나 하는 게 아니었다. 파멸된 인생을 되돌리고 가짜 뉴스를 바로잡는 데에 막대한 돈과 시간이 소요됐지만 나는 중단하지 않았다. 한번 가짜 뉴스로 재미를 본 자들은 그 맛을 잊지 못해 또다시 대중을 선동하고 나설 것이며, 권력과 야합하여 한 자리씩 꿰차던 기생충들 또한 권력에 기생할 것이기 때문이다.

최강욱은 내 명예 훼손 사건을 비롯해 조국 아들 인턴 증명서 허위 발급, 선거법 위반까지 3개의 형사 재판을 받았다. 2심까지 의원직이 상실되는 징역형을 선고받고도 그는 국회 법사위원으로 버젓이 활동했다. 헌정 사상 다수의 재판에 피고인으로 돼 있는 자, 심지어 의원직 상실형을 선고받은 자가 국회 법사위원으로 활동한 전례가 있는지 모르겠다. OECD 전체 사례를 통틀어도 없을 것 같다. 이러니 그와 민·형사 소송을 진행하는 것은 상상할 수 없는 부담을 갖게 한다. 최강욱은 재판 도중 본인의 기자 회견 때문에 먼저 나가겠다고 해 '사법부 무시' 논란까지 일었던 자다. 급기야 피고인 최강욱은 국정감사에서 고위 법관을 상대로 사법부를 훈계까지 하기에 이른다.

최강욱 윤리감사관실에서 법정 언행에 대해 모니터하십니까?

윤리감사관 이준 예, 그렇습니다.

최강욱 정기적으로 하시고요. 정말 팔이 안으로 굽는다는 소리 듣지 않도록 확실히 직무 수행해 주시기 바랍니다.

_〈2021.10.1. 국정감사 회의록 중 발췌〉

최강욱 원장님, 법관이 검사나 변호사보다 우월한 존재입니까?

특허법원장 이승영 무슨 취지로 물으시는지 모르겠습니다.

최강욱 인격적으로나 인간적으로 우월한 존재냐고요. 실력이나 품성 면에서.

_〈2021.10.8. 국정감사 회의록 중 발췌〉

3개 형사 재판의 피고인이자 국회에서 이른바 '짤짤이' 발언 등으로 각종 설화를 일으킨 자가 판사의 '법정 언행'에 대해 언급하며 고위 법관을 근엄하게 지적하는 게 세상 이치에 맞는 일인가. 전 세계를 통틀어 어떤 피고인이 사법부를 훈계하고 비판하며 재판을 받고 있을지, 세계사에 길이 남을 일이다.

유튜브에서 최강욱과 같은 가짜 뉴스를 전하며 나를 난도질했

댓글 읽어주는 기자를 5개월 전 (수정됨)
제목 : 이동재 전 채널A 기자에게 사과드립니다.
내용 : KBS 유튜브 〈댓글 읽어주는 기자들〉 출연진(정연욱·김기화 기자)은 2020년 4월 10일 '채널A 검언유착, MBC의 외로운 싸움?'이란 제목의 방송에서 아래와 같이 발언한 바 있으나, 이동재 전 채널A 기자는 아래와 같은 내용을 전혀 발언하지 않았던 것으로 밝혀졌기에 이를 바로잡습니다. 공영방송 기자로서 해당 발언들에 대하여 이동재 전 채널A 기자에게 사과드립니다.

—— 아래 ——

출처: KBS 유튜브 〈댓글 읽어주는 기자들〉 캡처.

던 KBS로부터는 만 3년 만에 공개 사과를 받았다.

KBS 유튜브 〈댓글 읽어주는 기자들〉에서 허위 사실을 유포한 정연욱 KBS 〈뉴스9〉 앵커와 김기화 기자는 내가 경찰에 형사 고소장을 제출하자, 뒤늦게 '자필 사과문'을 제출하고 직접 나를 찾아와 사과했다. 그들은 유튜브 채널에도 "이동재 전 채널A 기자에게 사과드립니다"라는 제목의 '공개사과문'을 영구 게시했다. 수신료를 내는 납세자가 허위 사실을 유포한 공영 방송으로부터 사과를 받는다는 게 이렇게 힘든 일인지 몰랐다.

"사실이 아니라도 좋다"라는 허위 사실을 창조한 최강욱은 기소돼 형사 2심 재판을 받고 있다. 1심에서는 최강욱의 '허위 사실'을 인정하면서도 "비방의 목적이 없다"라며 무죄를 선고했다. 최강욱은 "도둑이 몽둥이를 들고 설친다"라고 말하는 등 나에게 지속적인 비방을 이어 갔다. 1심 무죄를 선고한 판사는 영장 전담 부장판사 시절 한동훈 검사장에 대해 정진웅이 청구한 '감청監聽 영장'을 발부해 논란이 되기도 했다. 통신비밀보호법에 따르면, 감청은 테러나 연쇄 살인 등 중대 범죄에만 제한적으로 허용된다.

반면 서울고법 민사13부는 "검언 유착 주장을 위해 고의로 허위 글을 올렸다"고 최강욱을 강하게 질타한 뒤 "허위의 발언을 게재하여 전파한 건 현저히 적절성을 잃은 행위"라고 지적하며 이동재에게 배상하라고 판결했다. 최강욱은 유튜브 등에서 나에 관한 또 다른 허위 사실을 유포한 혐의로 2023년 4월 수원지검에 기소 의견으로 송치됐다. 최강욱과 함께 찍은 사진을 페이스북에 올리며 "둘이서 함께 작전에 들어갑니다"라고 자랑하던 황희석 역시 라디오와 유튜브 등에서 수차례의 허위 사실을 유포한 혐의로 2023년 5월 서울동부지검에 송치됐다. 최강욱과 황희석 모두 경찰 수사 단계에서만 1년 6개월이 걸릴 정도로 오랜 시간이 소요됐지만, 10년이 걸리더라도 나는 반드시 모두 바로잡을 것이다.

김어준에 대한 단죄 역시 진행 중이다. 민사 1심 재판부는 최강욱과 유사한 허위 사실을 유포해 내 명예를 훼손한 김어준에게 500만 원을 배상하라고 판결했다. 한 가지 놀랐던 건, 김어준 판결을 다룬 보도의 양이 비슷한 시기 있었던 최강욱 판결 보도의 절반 수준밖에 되지 않았다는 것이다. 좌파 계열의 최고 '지략가'로 군림하며 이재명을 비롯한 민주당 대선후보군을 본인의 프로그램에 불러대던 김어준이었지만, TBS 〈김어준의 뉴스공장〉이 폐지되자 그저 평범한 유튜버 수준이 됐다. 20년 전 여성용 자위 기구를 팔던 그는 그래서 더욱 악착같이 공중파 라디오 DJ 자리를 놓지 않으려고 했던 것 같다. 물론 이런 김어준이나 그 아류들에게 몇 년 동안 고액의 출연료를 주고 각종 시사 프로그램을 맡겼으니 우리나라의 공영 방송도 참 대단하다.

아울러 검찰은 허위 사실을 유포해 나와 한동훈 장관의 명예를 훼손한 KBS 법조팀장과 신성식을 기소한 데 이어, 나에 대한 업무 방해와 명예 훼손 등의 혐의를 받는 MBC 기자들 역시 수사 중이다. 사기 전과자는 허위 사실 유포에 의한 명예 훼손 혐의로 기소된 뒤 재판 출석에 불응하다 체포돼 구속되기도 했다. 느리고 더디지만 그래도 하나씩 바로잡히고 있다.

MBC 옥중 인터뷰에서 가여운 피해자로 묘사된 이철은 2012년 11월부터 2015년 9월까지 6853억 원을 불법 모집한 혐의(방문판매법 위반), 2015년 9월부터 이듬해 9월까지 유망기업에 투자해 수익금을 지급하겠다고 속여 4천여 명으로부터 437억 원을 가로챈 혐의(사기), 이밖에 411억 원대 배임, 허위 사실 유포 혐의 등으로 2022년 8월 19일 추가 기소됐다. 이철은 심지어 2016년 4월 보석으로 풀려난 직후에도 사기 행각을 벌였는데, 투자자들을 모아 놓고 "검찰 시나리오 예쁘죠?"[41]라고 선동하며 투자금을 모집하기도 했다. 내 재판 과정에서 이철의 추가 혐의가 새롭게 드러나기도 했는데, 평생 모은 돈을 날린 서민들에게 조금이라도 위로가 됐기를 바란다. 이렇듯 총선용 권언 유착 공작은 실패하였고, 공작의 주연과 조연들은 매우 늦게나마 죗값을 치르고 있다. 나는 사필귀정이라는 말을 믿는다.

41 유튜브 '이철의 수요세션'.

사법 시스템에 침투한 바이러스
'정치'와 '이념'

　　　　　　　　　　　지난 수년간 한국의 사법 시스템
은 과연 평등했는가. '우리 편' 수사는 뭉개고, '찍힌 놈'에게는
한없이 가혹했던 것이 그들의 대한민국인 것은 누구나 알고 있
는 일이니 구태여 자세히 언급하지 않아도 될 것이다. "살아 있
는 권력도 수사하라"라는 대통령의 말을 그대로 믿고 수사하다
온갖 치욕과 수모를 겪은 검사의 얘기로 명확히 증명되지 않았
는가.

　검사는 법과 양심에 따라 수사하고, 판사는 법과 양심에 따라
판결하면 되는 것이다. 그게 어렵던 시대가 있었고, 그 속에서도
신념으로 조직을 지켜 낸 이들도 있었다. 신군부는 대법관을 보안
사 서빙고 분실로 끌고 가, 입에서 침이 흐를 정도로 사흘간 고문
을 하기도 했고, 판검사 로비 의혹을 조사한다며 변호사들을 발길
질해 계단에서 굴리기도 했다.[42] 적어도 요즘 세상은 판결이 누구
마음에 들지 않는다는 이유로 인사에 물을 먹일 우려는 있을지언
정 고문당할 걱정은 안 해도 되는 시대가 아니던가.

　상식과 사명감을 지닌 다수 덕분에 그간 그럭저럭 굴러가던 사
법 시스템에 '정치'와 '이념'이라는 바이러스가 침투하니 붕괴가
시작됐다. 우리나라 사법 현실을 보여 주는 한 가지 장면이 떠오
른다. 1심에서 중형을 선고받고 구속돼 나와 함께 방을 쓰던 박

42　원로 법학자 이시윤의 '소송야사訴訟野史12', 《법률저널》, 2018.2.8.

사장(가명) 이야기다. 항소심을 앞두고 있던 박 사장은 변호인 선임을 두고 룸메이트들에게 의견을 물어 보며 며칠을 뜬눈으로 고민했다.

> **박 사장** 와이프가 A 로펌 대표 변호사를 찾아가서 상담받았다는데. 여기가 문재인 정부에서 제일 잘 나가는 곳 맞지? 정권 유력 인사들은 죄다 여기로 선임한다는데?
>
> **나** 그렇다고 하더라고요. 엄청 비쌀 텐데. 그래도 인생이 달린 일이니까….
>
> **박 사장** 집이라도 팔아야지. 1심 맡긴 B 로펌도 이번엔 자신 있다고, 반드시 뒤집겠다고 한 번 더 믿어달라 하는데….

박 사장은 국내 5대 법무법인 B 로펌의 부장판사 출신 전관 변호사를 선임하고도 1심에서 중형을 선고받은 만큼 문재인 정권의 '법조 실세'로 알려진 A 로펌 선임을 두고 고심을 거듭했다. 우리법연구회나 국제인권법연구회 출신 변호사들이 많은 A 로펌은 문재인 정권 고위 인사들의 형사 사건을 다수 수임하기도 했다. 재판에 인생이 걸린 사람들에게 "정권과 가깝다"는 말은 곧 '생사여탈권'을 가진 사람을 의미하는 만큼 신경 쓰지 않을 수 없었다.

문재인 정권 시절, 송사를 치른 사람들은 재판부가 결정되면 대개 판사의 '정치 성향'부터 알아보았다. 물론 판사 고향이 어디인지, 어느 학교를 졸업했는지를 알아보고 변호인을 구해 재판

전략을 짜는 것은 어제오늘 일이 아니다. 그러나 우리법연구회나 국제인권법연구회 같은 법원 내 특정 성향 모임 출신인지, 판사의 정치적 성향이 어떤지가 전면에 등장하는 것은 문재인 정권 들어 유독 도드라지게 나타난 현상이라는 게 법조계의 설명이다.

수억 원에 이르는 A 로펌의 비싼 수임료 때문에 망설이던 박 사장은 2심에서도 B 로펌을 내세웠지만, 오히려 형량이 더 올라갔다. 자본주의 사회인 만큼 변호사의 변론 비용은 그 능력에 따라 높게 책정될 수도 있다. 그러나 '정치'와 '이념'이 재판에 대비하는 기준이 되는 세상은 누가 봐도 정상적이지 않다.

국민의힘 중진인 정진석 의원은 2023년 8월, 노무현 전 대통령에 대한 명예 훼손 혐의로 징역 6월의 실형을 선고받았다. 통상적으로 명예 훼손 사건은 벌금형이나 집행 유예를 선고하는 데 반해 상당히 이례적인 결과였다. 판사가 평소 친 민주당 성향을 드러내는 글을 SNS에 다수 올린 게 드러나 논란이 됐다. 국제인권법연구회 출신 어떤 판사는 인터넷에 "재판은 곧 정치"라는 글을 올리기도 했다. 국민은 그저 재판을 받고자 할 뿐인데 정치까지 대비해야 한다는 건가. 김명수 대법원장 체제에서 사무분담위원회가 도입되며 정치 성향이 뚜렷한 판사들이 주요 보직에 다수 자리했다는 것이 법조계 다수의 지적이다.

정치와 이념이란 바이러스는 '선택적 재판 지연'으로도 이어져 법과 정의의 형해화形骸化를 가속화했다. 문재인 청와대의 '울산시장 선거 개입' 사건은 2020년 1월 재판이 시작돼 지금까지 3년 반이 넘도록 1심 판결조차 나오지 않았다. 문재인 대통령은 30년 친구인 송철호 시장의 당선이 '소원'이라고 말했다. 그 후 청와대의 8개 부서가 나서 하명 수사와 후보 매수 등 선거 범죄에 개입한 혐의를 받는다. 상대 당인 김기현 후보의 공천이 확정된 날, 그의 선거캠프는 압수 수색을 당했을 정도였다. 서울중앙지검장이던 이성윤은 수사를 뭉갰고, 법무부 장관 추미애는 인사 학살로 아예 수사팀을 날려버렸다. 정권의 정당성이 달린 이 사건을 맡은 우리법연구회 출신 김미리 부장판사는 1년 3개월 동안 재판을 열지 않다가 돌연 병가를 내고 휴직했다. 이런 속도면 3심까지 족히 10년은 걸릴 것 같다.

조국 역시 '자녀 입시 비리'와 '감찰 무마' 건으로 기소된 후 3년 2개월 만에야 1심에서 징역 2년이 선고됐다. 현실적으로 2024년 봄까지 2심 선고가 어려운 탓에, 총선 출마설까지 흘러나오는 상황이다. 조국 아들에게 허위 인턴 증명서를 발급한 혐의로 1심과 2심에서 징역형을 선고받은 최강욱의 경우 대법원에서 1년 넘게 선고를 미루다가 아예 전원합의체로 사건을 넘겼다. 최강욱은 기소 3년 8개월이 지난 2023년 9월 18일에서야 대법원에서 유죄가 확정됐다. 이미 국회의원 임기의 80퍼센트를 채운 뒤였다. 이런 식이니 설령 기소돼도 별다른 부담이 없다. 일반 사람들은 상상조차 못할 일이다. 반면 청와대 감찰반원 시절, 조국의 '감찰 무마'를 폭로한 김태우 강서구청장의 경우 '공익신고'로 인정됐음에도 공무상비밀누설이라며 신속하게 유죄를 확정지었다. 의혹을 폭로한 김태우 구청장은 유죄가 확정돼 구청장직이 박탈됐는데 정작 의혹의 당사자인 조국은 재판이 늘어지며 총선 출마에 이름이 오르내리니 몹시 황당한 일이다.

이뿐이 아니다. 교사 채용 비리와 배임, 범인 도피 혐의 등으로 기소된 조국의 동생은 1심에서 징역 1년을 선고받았다. 채용 비리 종범이 받은 1년 6월형보다 오히려 주범이 낮은 형량을 선고받은 거다. 심지어 종범들에게 발부됐던 구속 영장이 조국 동생 앞에선 '허리디스크'를 이유로 기각되기도 했다. 담당의 '꾀병 소견'이 있었음에도. 김경숙 이화여대 학장의 경우는 암투병 중에도 정유라의 학사 비리 혐의로 구속됐었다. 형평에 맞지 않는다. 모든 인간은 평등하지만, 천룡天龍 가족은 다른 인간들보다 조금 더 높게 평등한 존재인 걸까.

검찰 수사는 말해 뭐하겠는가. 이동재 한 명을 수사하는데 서울중앙지검 검사와 수사관 수십 명이 달라붙어 먼지 한 톨까지 뒤졌던 반면, MBC의 경우 강제 수사는커녕 몰카 영상조차 제출받지 않았다. '허위 보도 사건'을 벌인 KBS에도 한없이 너그러웠다. 검찰은 문재인 정권 시절, KBS 기자를 불러 구체적인 문답 조사도 진행하지 않았다. 허위 보도를 불러일으킨 통화 상대방에 대한 부분에선 "곤란하면 답을 하지 않아도 된다"라고 스윗하게 배려하기도 했다.[43] 그렇게 2년 넘게 수사를 뭉갰다.

조국 일가에 대한 '피의 사실 공표'는 철저하게 봉쇄됐지만, 자

---

43 [단독]신성식, '한동훈 사건 KBS 오보' 피의자로 특정…징계위원 자격 논란, 《머니투데이》, 2020.12.14.

신들에게 유리해 보이는 사건을 놓곤 보도를 적극적으로 권장했다. 법무부는 2021년 8월 훈령까지 개정해 '형사 사건 공개 금지' 규정을 강화했지만, 소위 '고발 사주 의혹'이 보도되자 법무부 장관이던 박범계가 나서서 "빠른 보도를 부탁드린다"라며 부스터를 달았다. 심지어 MBC는 나조차 몰랐던 구속 영장 속 피의 사실을 깨알같이 보도하지 않았던가.

왜 이리 세상이 뒤죽박죽일까. 대학 진학 전 범행이 발각돼 입시 피해자가 없었던 숙명여고 쌍둥이는 미성년자 신분으로 즉각 재판에 넘겨져 징역 1년에 집행 유예 3년의 유죄가 확정됐지만, '입시 비리 공범'인 30대 조민은 사건 4년이 지나서야 겨우 기소됐다. 아시안게임 승마 금메달리스트 정유라는 혐의만으로 곧바로 퇴학시켜 '중졸'을 만들었지만, 조민은 의사면허 취소에만 수년이 걸렸다. 똑같이 세금 내고 사는 세상에서 어느 정도의 잣대는 좀 통일시켜야 하지 않을까 싶다.

삼류 검사 전성시대

A 검사가 간부가 되어 지방 근무를 할 때의 일이다. 달리기를 좋아하던 A 검사는 새벽마다 관사 근처에서 운동했는데, 지역 유지로 구성된 '법사랑[44] 위원'들이 요일별로 나눠 돌아가며 A 검사의 새벽 운동을 모셨다. 지역 법사랑 위

---

44 지역 사회 범죄예방을 담당하는 민간 조직. 통상 지역 유지들로 구성된다.

How: 어떻게 바로잡아야 하나?

원회장 B 씨는 직접 사과를 깎아 밀폐 용기에 담은 뒤 여느 날처럼 영감님의 새벽 행차에 따라나섰다. 운동을 잘 모신 B 씨가 밀폐 용기 속 사과를 건네는 찰나, 돌연 A 검사가 사과를 땅바닥에 내동댕이쳤다. 껍질을 깎은 지 오래돼 사과가 갈색으로 변했다는 게 이유였다. "성의가 없다"라고 진노하는 A 검사 앞에서 연장자인 B 씨는 그저 굽신거릴 수밖에 없었다. 사람의 버릇이란 나이를 먹어 좋은 자리에 가도 쉽사리 변하지 않는다. 이후 A 검사는 회의에서 여직원을 노골적으로 흉을 보다가 후배 검사의 항의를 받는 한편, 다른 직원의 이혼 사실을 공개적으로 들춰내 논란이 되기도 했다. 어디 5공 시절 검사님 이야기냐고? 아니다. 문재인 정권에서 출세한 A 검사의 이야기다.

몇 년간 법조 취재를 담당하고 본의 아니게 수사를 받는 당사자가 돼 보니 검찰이라는 집단에 대해 자세히 보고 깨달은 게 많다. 검찰은 전형적인 '엘리트 집단'이다. 별다른 설명이 필요 없을 것이다. 조직원 대부분이 이 정도로 유능한 집단은 세계적으로 찾기 힘들다. 검사 못지않게 수사관도 똑 부러지게 일한다. 평범한 샐러리맨 수준의 월급에도 살인적인 업무량을 소화하는데, 어느 정도의 사명감과 프라이드가 그들을 그토록 건재하게 했다.

검찰 권력의 막강함은 주지의 사실이다. 검사가 된 것만으로도 대단히 출세한 것이지만, 그중에서도 '요직'의 숫자는 제한적이다. 취업 준비생들이 평균적으로 수도권에서 일하기를 희망하는 것처럼 다수의 검사도 서울의 괜찮은 자리에서 일하고 싶어 한다.

그러나 조직에 잘난 사람이 많으니 여간 잘나지 않고서는 좋은 자리에 가는 게 쉽지 않다. 대부분의 검사가 지방과 형사부 근무를 전전하며 검사 경력을 마친다. 검사 출신인 김웅 의원의 책 《검사내전》에 나오는 '여객선의 나사못' 같은 검사들 말이다. 물론 검찰이 역대 정권의 입김에 자유롭지 못했던 것 역시 설명이 필요 없는 사실이다. 정권에 따라 특정 지역 출신들이 번갈아 요직을 차지하며 득세하는 경우가 잦았다. 그래도 오랜 기간 구성원들이 대놓고 반발하지 않았던 것은 대체로 실력을 인정받은 사람들이 요직에 등용됐기 때문이다.

그러나 조국 사태 후 수년간은 확연히 달랐다. 조국 사태를 계기로 대대적인 숙청작업을 거치자 삼류 취급을 받던 검사들이나 운동권 출신 검사들이 느닷없이 요직을 독차지하는 일이 벌어졌다. 과거 재경지검 근무 당시 폭언과 능력 부족으로 부원들로부터 집단 항의를 받고 좌천됐던 이가 되살아나 권력 핵심을 차지하는 코미디 같은 일까지 벌어졌다. 소신껏 일하던 유능한 검사들은 출신 지역을 막론하고 좌천됐다. 서울중앙지검 2차장을 역임한 신봉수 검사(전북 완주)는 '울산시장 선거 개입 사건'을 수사한 뒤 평택지청장으로, 서울고검 검사로 또 한 번 좌천됐다. 차기 검찰총장 1순위였던 조남관 대검차장(전북 남원)마저도 추미애 시절 "검찰을 권력의 시녀로 만드는 중대한 우를 범할 수 있다"라며 평검사들의 목소리에 힘을 보탰다가 수사권이 없는 법무연수원장으로 좌천됐다.

"검사는 자기의 위치를 알아. 등수가 정해져 있단 말이야. 기수에서

6~7명 정도 검사장으로 승진한다고 쳐보자. 그런데 10~15등 정도 하는 녀석한테 달콤한 유혹이 다가와. 권력에 조금만 협조하면 자기도 기회를 잡을 것 같단 말이지. 그런 저질 인간들이 몇 년 동안 유난히 많았어. 자기 출세하려고 검찰을 권력의 '시녀'에서 아예 '애완견' 수준으로 전락시킨 거야."

한 전직 검찰 고위 간부의 말이다. 무능한 삼류들이 득세해 정권에 충성하며 수사를 막고 알아서 기다 보니, 영슌이 서지 않고 조직이 산으로 갈 수밖에 없었다. 프라이드로 굴러가던 엘리트 조직이 사과의 색깔이나 중시하며 갑질하던 A 검사 부류가 출세하는 '당신들의 천국'으로 급격하게 변모해 갔다. 삼류 검사를 통해 검찰을 자발적 애완견으로 만드는 데 성공한 문재인 정권과 민주당은 이 틈을 파고들어 마침내 '검수 완박' 세상을 만들어 내기에 이른다.

어떤 해로운 법정

다음과 같은 화려한 수사(修辭)의 향연을 접한 분들이 많을 것이다.

- 한명숙 전 총리가 역사와 양심의 법정에서 무죄임을 확신합니다. (문재인)
- 검찰의 기획 수사임이 드러났습니다. 역사와 양심의 법정에서 저

는 무죄입니다. (한명숙)

- 법률적 진실 뒤에 가려져 있고 숨겨져 있던, 나아가 왜곡돼 있
  던 진실들이 복구되고 그 속에서 온전한 진실이 만들어지지 않
  을까. (조국)
- 법정을 통한 진실 찾기가 막혔다고, 그렇다고 진실이 바뀔 수는 없
  습니다. (김경수)

언론 밥을 먹고 산 나도 위의 말이 정확히 무슨 의미인지 잘 모
르겠다. 고등교육을 받은 성인이 여러 번 반복해 읽어도 선뜻 이
해가 되지 않는다. 왜? 눈으로 읽는 게 아니라 신앙처럼 가슴으로
받아들여야 하는 말이기 때문이다.

한명숙과 문재인이 말한 '역사와 양심의 법정'은 대체 어디에 있
는 곳일까. 서초동에 지방법원과 고등법원, 대법원은 있어도 '역사
와 양심 법정'은 내비게이션으로 어디를 찍고 가야 나오는 곳인지
구경조차 못 해봤다. 그곳은 죄인이 도망가도 잡지 못했던 삼한의
소도蘇塗 같은 공간인지 보통 사람의 두뇌로는 판단이 어렵다.

조국이 말하는 '법률적 진실'은 무엇이고, 또 '온전한 진실'은
과연 무엇인 걸까. 검찰이 아무리 무리한 수사를 해서 사람을 구
속하고 공소장까지 왜곡해도, 나처럼 정말 죄가 없고 억울한 경우
엔 '현실 세계' 법정에서 무죄를 선고받는다. 멀쩡히 살아 있는 논
리를 제쳐두고 번거롭게 진실을 여러 개로 나눌 필요가 없다. 더
군다나 자신들이 임명한 김명수 대법원장 체제가 아니었는가.

"법정을 통한 진실 찾기가 막혔다고 진실이 바뀔 수 없다"라는

김경수 전 경남지사의 말도 우리 말이긴 한데 무슨 의미인지 도통 모르겠다. 법정을 통해 이미 진실을 찾지 않았는가. 김 전 지사는 민주주의 근간을 흔든 '드루킹 사건'으로 실형이 확정된 사람이다. 선거 범죄로 유죄를 받은 사람이 흡사 '양심수' 같은 얘기를 하는 모습은 당혹스럽다.

정치부 기자로 국회를 출입할 때 가장 받아들이기 힘들었던 건 '탈진실'로 향해가는 열차였다. 어떤 사건이 터져서 수사와 재판이 이뤄졌다고 치자. 인간이니 그 결과에 동의하지 않는 건 그럴 수 있다지만 무논리·무지성으로 자기편만을 감싸는 문화로 조직과 그들의 지지자들을 서서히 잠식해 가는 모습을 맨정신으로 지켜보는 일은 가히 섬뜩했다.

일례로 조국 사태 당시 진중권 교수는 유시민에게 동양대 표창장이 가짜라는 것을 알려줬지만, 유시민은 "'대안적 사실'을 제작해 현실에 등록하면 그것이 곧 새로운 사실이 된다"라며 진 교수에게 걱정하지 말라고 안심까지 시켰다. 유시민은 조국의 아내 정경심이 연구실에서 컴퓨터를 몰래 반출한 것을 옹호하며 "증거 인멸이 아니라 증거 보전"이라는 희대의 그로테스크한 명언을 남겼다. 소피스트가 "형님!" 하며 무릎을 치고 탄복할 논리였다. 이 논리에 충실했던 성실한 민초들은 지방에서 상경해 조국 수호 집회에 참여하며 "정경심 교수님 힘내세요"를 외쳐댔다.

어쩌다 세상이 이렇게 변모했을까. 세뇌된 민초들이 마음에 들지 않는 검사나 기자를 악마화해 좌표 찍어 공격하고 전화번호까지 공개하는 건 더는 놀라운 일도 아니다. 누구의 표현을 빌리자면, 사회를 흥미롭게 만든다는 '양념'처럼. 일련의 현상에 대해 강준만 전북대 교수는 그의 저서 《부족국가 대한민국》에서 문재인 정권의 '부족주의'를 진단했다. 진보가 자신들을 '선한 권력'이라고 착각하고, 개혁을 위해서는 내로남불이나 유체이탈을 불가피하거나 바람직하게 여긴다는 게 그의 설명이다. 부족에 대한 유불리로 모든 걸 판단하는 부족주의는 가짜 진보라는 것이다.

부족주의를 파고든 비즈니스는 탈진실 현상을 더욱 가속화했다. 조국 사태를 다루며 검찰과 언론, 법원 판결을 비판한 다큐멘터리 영화 '그대가 조국'에 이어, 성추행 사건으로 목숨을 끊은 박원순을 미화하는 영화마저 등장했다. 흥미로운 건 '그대가 조국'이 심야·새벽 시간대에만 199차례나 전석 매진을 기록했단 거다. 천만 관객을 돌파한 '범죄도시3'의 경우에도 심야 전석 매진은 3번밖에 이루지 못했다. 진짜 매진이라면 영화사에 길이 남을 경천동지할 일이고, 관객 수 조작이어도 부족주의 사회에선 전혀 이상할 게 없다.

법원 근처를 지나는데, 조국이 그려진 티셔츠를 입은 아주머니들이 나를 가리키며 "저 XX 이동재 아니야?"라고 욕하면서 쫓아온 적이 있다. 그들은 여전히 "사실이 아니라도 좋다. 유시민에게 돈 줬다고 해라"라는 '대안적 사실'을 진짜 이동재가 말했다고 믿고 있을 터. "저 새는 해로운 새다"라는 모택동의 말 한마디에 중국 전역의 참새가 씨가 마르고, 유례없는 대기근이 찾아왔던 사건은 다만 우연한 것은 아니다. 탈진실의 시대를 통과 중인 나는, 부족주의 제물이 되어버린 나는 참새가 되기 싫어 황망히 그 자리를 피할 수밖에 없었다.

'하청 보도'의 시간

　　　　　　　　제20대 대선을 50여 일 남겨뒀던 2022년 1월 16일, MBC 〈스트레이트〉는 윤석열 후보의 아내 김건희 여사가 친 민주당 성향의 유튜브 채널 〈서울의 소리〉 촬영 기사 이 모 씨와 나눈 사적인 대화를 방송했다. 평균 2퍼센트대를 기록하던 시청률이 전국 가구 기준 17.2퍼센트를 기록했을 정도로 반응은 뜨거웠다.

> **허일후** 무엇보다 김건희 씨가 어떻게 이런 이야기까지 나누게 된 건지, 또 통화는 어떻게 입수한 건지 시청자들께 알리고 시작해야겠는데요.
>
> **장인수** 네, 대화를 나눈 상대방은 진보 성향 유튜브 방송인 '서울의 소리' 소속 이명수 기자입니다. 이 기자는 작년 7월부터 12월까지 김건희 씨와 50여 차례 통화했고, 이 내용을 모두 녹음했습니다.
>
> _〈2022.1.16. MBC '스트레이트' 중 발췌〉_

이 씨는 2021년 7월부터 6개월간 김 여사와 나눈 총 7시간 45분 분량의 대화를 '몰래' 녹음해 MBC에 넘겼다. 이 씨는 김 여사의 모친과 10년 넘게 법정 다툼 중인 정 모 씨에 대한 정보가 많다며 의도적으로 김 여사에게 접근했다. 이후 누님, 아우 등의 호칭을 쓰는 가까운 사이가 되었는데, 이 씨는 이때부터 약 20차례, 무려 7시간에 달하는 통화 내용을 녹음한 것이다. 특히 이 씨는 김건희 여사와 연락하는 과정에서 또 다른 친 민주당 성향 유튜브인 〈열린공감TV〉에 어떤 말을 물을지 조언을 구했고, 질문 유도 멘트를 배웠다.

이 씨는 "김건희에게 소위 '떡밥'을 주기 위한 것"이라고 말하는 등 '함정'이었음을 스스로 인정했다. 공영 방송 MBC는 이런 녹음파일을 받아 20분 동안 방송했다. 이 사건도 '권언 유착 사건'과 기본 골격이 똑같았다. '함정을 판 이들에게 공영 방송이 사후 가담한 것'이란 비판이 쏟아졌다. 역시 이번에도 MBC 기자 장인수가 녹음파일을 넘겨받아 보도에 나섰다. 내게 함정을 팠던 사기 전과자는 이번에도 보도와 관련해 MBC 기자에게 '지도 편달'을 했는지 자신의 페이스북에 보도를 예고하는 글을 올리기도 했다.

MBC는 〈스트레이트〉 방송에서 "다음 주에도 김 여사 보도를 이어 가겠다"라고 했지만 그러지 못했다. "별 내용이 없다. 왜 방송했는지 모르겠다"라는 평과 함께, 생각보다 김 여사 성격이 소박하고 말투가 화끈하다는 우호적 여론만 우세했기 때문이다. 이 방송을 계기로 온라인에 김 여사의 팬클럽까지 만들어졌을 정도니 MBC가 큰일을 해내긴 했다. 그런데 MBC는 왜 함정을 파 녹음한 파일을 넘겨받아 대선 직전 방송할 정도로 무리수를 던졌을까. 2008년 〈PD수첩〉의 광우병 보도 때 그랬듯 특정인에 대한 적개

How: 어떻게 바로잡아야 하나?

심이 하늘을 찔렀던 것일까. 취재 내용보다 그 목적이 많이 앞서니, 일반 대중도 방송을 접하면 자신들과 똑같이 반응할 거라 착각한 듯하다.

강준만 교수는 MBC 〈스트레이트〉를 '어용 방송의 상징'이라고 지적하며 "유튜브에 압도당하는 지상파 방송의 몰락을 시사한 상징적 사건"이라고 비판했다. 그러면서 "MBC가 유튜브 채널의 '하청'으로 전락했다"라고 했다. 공감하는 바다. 공영 방송이 대선 직전에 친 민주당 유튜브 채널로부터 함정 녹음파일을 넘겨받아 하청 보도를 했다. 하물며 일반 기업도 아무에게나 하청을 주지 않는다. 선거를 앞두고 매번 비슷한 일이 반복되는 건 이유가 있다. 이게 MBC의 현실이다. MBC는 이 일로 아무것도 느끼지 못하고 깨달은 게 없으니 앞으로도 쭉 하청을 반복할 것 같다.

또 찾아올 좀비들의 공작

2002년 제16대 대선 직전 '김대업 병풍 사건'으로 재미를 본 좌파 진영은 선거 때만 되면 그 패턴대로 공작을 반복해 왔다. 2020년 4월, 제21대 총선 직전엔 '권언 유착 사건'이 있었고, 2021년 4월 서울시장 보궐선거 때는 '생떼탕'이 등장했다. 그들은 "오세훈 국민의힘 후보가 2005년에 내곡동에 있는 처가 땅 측량 현장에 동행해 인근 생태탕 가게에 들렀다"라는 하나 마나 한 주장에 살을 붙여 대서사를 만들어 냈다. 오 후보는 측량 현장에 간 적도 없고, 생태탕 집도 간 적이 없다고 해명했다. 사실, 1970년에 땅 구입이 이뤄진 데다 2005년 당시 오세훈 후보는 공직자도 아니었던 만큼 측량에 동행하든 말든 생태탕을 먹든 동태탕을 먹든, 돈가스를 먹든 하등의 문제가 없다. 그래도 일단 프레임으로 밀어붙이는 거다.

역시 이번에도 패턴은 똑같았다. '땅 측량 때 오 후보를 목격한 기억이 있다'라는 제보자를 내세웠고, 뒤이어 오 후보가 생태탕을 먹었다고 주장하는 식당 주인과 아들이 등장했다. 이들의 기억력은 놀라웠다. 오 후보가 명품인 '페라가모' 구두에 백바지를 입었다고 주장했는데, 손님의 16년 전 구두와 바지 색깔까지 기억해 내는 그들의 직업정신에 감탄하지 않을 수 없다. 식당 주인 모자에겐 진보 최고의 브레인 김어준이 진행하는 TBS 〈김어준의 뉴스공장〉이 함께했다. 김어준은 "이 정도면 오세훈 후보가 당시 내곡동 측량 현장에 갔었다는 것은 이제 더 이상 논란의 여지가 없는 것 아닌가"라며 의혹을 열심히 끓여댔다. 그러나 이번엔 너무 끓였나 생태탕이 '생떼탕'이 됐고, 오 후보는 서울시장에 당선됐다.

기본 효과가 입증된 이 전략은 지난 2022년 대선에서도 쏠쏠하게 활용됐다. '화천대유'와 '대장동' 기사가 쏟아지며 이재명 후보가 타격을 받자, 민주당은 뜬금없이 "대장동 비리의 몸통은 윤석열"이라고 주장하기 시작한다. 윤석열 국민의힘 후보가 검사 시절인 2011년 부산저축은행 사건 '대출 브로커' 조우형(화천대유 관계사 천화동인 6호 실소유주) 씨를 참고인 조사만 하고 돌려보내 수사를 무마했다는 주장이다. 당시 조 씨의 변호인이 윤 후보와 친분이 두터운 박영수 전 특별검사여서 '봐주기'를 했고, 이에 대장동 사건의 주역이 윤석열이라는 논리였다.

20대 대선을 딱 사흘 앞둔 2022년 3월 6일, 〈뉴스타파〉는 "박영수-윤석열 통해 부산저축은행 사건 해결"이라는 기사 제목으로 김만배의 목소리가 담긴 녹음파일을 전격 공개했다. 대장동 의혹이 불거진 2021년 9월, 신학림 〈뉴스타파〉 전문위원(미디어오늘 전 대표)이 김만배와 인터뷰한 내용이었다.

김만배 그 당시에 윤석열이 (대검찰청 중앙수사부) 과장. 박○○이 주임 검사야. 그래서 내가 박영수(변호사)를 소개해줘. (중략)

신학림 누가? 박○○ 검사가?

김만배 윤석열이가 '네가 조우형이야?' 이러면서…

신학림 윤석열한테서? 윤석열이가 보냈단 말이야?

김만배 응. 박○○ (검사가) 커피주면서 몇 가지를 하더니(물어보더니) 보내주더래. 그래서 사건이 없어졌어.

_〈2022.3.6. '뉴스타파' 기사 중 발췌〉

다음 날 윤석열 캠프는 "윤석열 검사를 만난 적 없다"라는 조우형 씨의 검찰 조서까지 공개하며 반박했지만, 이미 선거 상황은 아수라장이었다. 당장 MBC는 〈뉴스타파〉가 공개한 대장동 일당의 육성 파일을 받아 아예 두 팔을 걷어붙이고 나섰다. MBC는 대선 이틀 전 뉴스 리포트를 4꼭지 만들며 대대적으로 보도했다.

① 김만배 "윤석열이 그냥 봐줬지… 사건이 그냥 없어졌어"

② "부산저축 부실 수사로 '대장동 종잣돈'… 박영수와 尹은 어떤 인연?"

③ "이재명은 난 놈이야. 욕 많이 했지"…공익환수 비난한 김만배

④ "尹 몸통 확인" vs "선거 공작"…'김만배 녹취록' 난타전

대선 사흘 전에 공영 방송을 통해 이렇게 일방적이고 무책임한 보도가 가능하다는 걸 이때 처음 알았다. MBC가 아예 '선수'로 직접 뛴 셈이다. 김만배의 입을 통해 윤석열을 비리 검사로 매도한 뒤 "이재명은 난 놈이야"라는 제목으로 이재명에게는 로비가 먹히지 않았다는 내용을 강조하면 일반 대중은 어떻게 받아들일까. 0.73퍼센트 차이로 승패가 갈린 것을 생각하면 MBC 보도로 당선자가 바뀔 수도 있는 사건이었다.

사건의 전모는 뒤늦게야 드러났다. 조우형 씨는 2023년 여름 검찰 조사에서 "(2021년 9월 김만배로부터) '수사 때 윤석열 등이 커피를 타줬다고 말할 테니 입장이 곤란해져도 모른 척해 달라'는 전화를 받은 적이 있다"라고 진술했다[45]. 범법자와 특정 언론의 유기적인 구조는 예전에도 그리고 이번에도 유효했다. 심지어 김만배를 인터뷰한 신학림 씨는 2003~2007년 민노총 전국언론노조 위원장 출신으로, 민주당 비례대표까지 신청했던 사람

---

45 "김만배, 신학림에게 100억 원 출연해 대장동 사업 도울 언론재단 설립 시도", 《경향신문》, 2023.9.3.

How: 어떻게 바로잡아야 하나?

이었다.

검찰은 2023년 9월 1일 신학림을 압수 수색했다. 김만배와 허위 인터뷰 뒤 〈뉴스타파〉를 통해 보도하게 한 대가로 1억 6천5백만 원을 받은 혐의(배임수재, 청탁금지법 위반)였다. 신학림은 김만배로부터 1억 6천5백만 원을 받았다는 것을 인정하며 자신이 저술한 책 3권 가격이라고 했다. 판권 가격이라고 해도 믿기 어려운데, 그냥 '책 3권'의 가격이었다. 국보급 고서적의 시세도 1억 6천5백만 원은 안 될 것이다.

대선 사흘 전 가짜 뉴스를 4꼭지나 할애하며 선동하던 MBC는 정작 신학림의 압수 수색 기사를 두곤 기자의 멘트나 자막으로 액수를 언급하지 않았다. 안형준 MBC 신임 사장은 취임사에서 "압력에 굴하지 않는 보도·진실 보도·약자를 외면하지 않는 보도·정직한 보도가 필요한 시대"라고 말했다. 그러면서 "언론에 대한 뿌리 깊은 불신 속에 MBC는 '신뢰의 이름'이 돼야 한다. 엄중한 시대의 요구를 따라야 한다"라고 말했다. 이 정도면 MBC는 일련의 문제적 보도를 정말로 '압력에 굴하지 않는 정직한 보도'로 착각하고 있는 것 같다.

어느덧 제22대 총선이 반년 앞으로 다가왔다. 그들이 나를 미끼로 권언 유착 공작을 도모한 지 꼭 4년이 된다. 민주와 진보의 탈을 쓴 자들은 또 한 번 그 달콤한 맛을 잊지 못하고 공작 거리를 찾고 있을 것이다. 김대업부터 권언 유착, 생태탕, 청담동 술자리에서 보았듯 제보자와 특정 언론이 함께하고 정치권과 시민단체가 거드는 패턴으로 또 진행될 확률이 높다. 공작은 갈수록 대담하며 뻔뻔해지고 있다. 그들에게 진실은 필요 없다. 감정도 필요 없다. 어차피 정치가 신앙이 되어버린 '탈진실의 세상'이니 거짓이 들통나도 상관없다고 볼 것이다. 오직 목적만을 위해 수단과 방법을 가리지 않겠다는 파렴치한 꿈만 존재할 테니.

이동재의 진짜 팩트 체크

文정부 검찰, '尹이 수사 무마' 가짜 뉴스 알고도 방치했다
(조선일보 / 2023.9.9.)

檢, '윤석열 수사 무마' 의혹 허위 파악하고도 '방치'

"검찰이 오보 대응했으면 뉴스타파는 그런 보도 못 했을 것"

법조계 "가짜 뉴스 확산 배경에 '문재인 검찰' 역할 규명 필요"

에필로그
복수극으로 갑시다, 아주 화끈하게!!

민주와 진보의 탈을 쓴 사람들이 가장 잘하는 것은 '공작'이다. 대선이든 총선이든 큰 장만 서면 어디선가 모셔온 '선수'를 내세워 밑도 끝도 없는 '폭로전'을 하며 한판 뒤집기를 시도한다. 리스크 따위는 신경 쓰지 않아도 된다. 공작과 가짜 뉴스는 확증 편향에 빠진 지지층에게 자발적 신앙이다. 어차피 선거 기간엔 막싸움이 벌어지는 데다 뒤늦게 들통나도 정체불명의 선수를 탓하면 된다. 안전장치는 차고 넘친다. 그들의 전매특허인 "아니면 말고"도 있다. 하루 벌어 밥 먹고 사는 평범한 민초들은 시간이 조금만 흘러도 어지간한 사건은 기억할 여유조차 없다. 그러니 '공작자들'은 더 대담하게 반복해서 공작한다.

'월드컵 4강 신화'로 온 나라가 떠들썩했던 2002년, 월드컵 개막 정확히 열흘 전인 5월 21일 〈오마이뉴스〉는 "이회창 아들 병역 비리 은폐 대책회의 열었다"라는 제하의 기사를 '특종'이라고 보도한다. 이른바 '김대업 병풍 사건'의 시작이다. 뒤이어 공영 방송 KBS와 MBC가 뛰어들어 대대적으로 판을 키우자 모든 신문과 방송이 이 사건을 다룰 수밖에 없는 상황이 됐다. 대한민국 검찰의 최고 엘리트 부서인 '서울지검 특수1부'가 수사에 착수했고, 민주당은 전과 6범 사기꾼 김대업을 '강직한 의인'으로 추켜세우며 병풍 사건 논평만 249회 내놓았다. 이런 사건에 시민단체가 절대 빠질 리 없다. '참여연대'와 '민주개혁국민연합' 등이 두 팔 걷고 나서서 김대업을 도왔다.

선거 직전이라는 시기적 특성, 사기 전과자와 특정 언론이라는 '선수', 검찰과 정치권, 정파적 시민단체에 이르기까지 '검언 유착'이라며 나와 《채널A》에 누명을 씌워대던 2020년 '권언 유착 사건'과 그 구조가 완전히 데칼코마니다.

	김대업 병풍 사건	권언 유착 사건
시기	2002년 대선 6개월 전	2020년 총선 2주 전
관여 언론	오마이뉴스, MBC, KBS 등	MBC, KBS 등
제보자	전과 6범(사기 등)	전과 5범(사기 등)
시민단체	참여연대, 민주개혁국민연합	민주언론시민연합(민언련)
정치권	새천년민주당	열린민주당(*더불어민주당 합당)
검찰	서울지검 특수1부	서울중앙지검 형사1부

권력과 언론의 벌떼 공격에 지지율이 일거에 11퍼센트나 빠진 이회창 후보는 끝내 판세를 회복하지 못하고 노무현 후보에게

2.3퍼센트 차로 패배하고 만다. 검찰 수사 결과, '결정적 증거'라던 녹음 테이프의 생산 연도가 '녹음 시점'보다 2년 뒤로 밝혀져 김대업은 유죄가 확정됐고, 〈오마이뉴스〉엔 배상 판결이 내려졌지만 이미 대선이 끝난 지 오래였다. '의인' 김대업은 훗날 또다시 사기 혐의로 수사를 받다가 필리핀으로 달아난 뒤 수년간의 도피 생활 끝에 체포된다.

'김대업 병풍 사건'에서 기본 효과가 입증된 위 패턴은 진보 좌파 진영에서 '김대업 후예들'을 통해 두고두고 쏠쏠하게 활용됐다. 2020년 당시 범여권은 제21대 총선에서 나를 제물로 삼은 '권언 유착 사건'으로 180석 넘게 거머쥐었다. 옛말에 세 사람만 우기면 없던 호랑이도 만들어 낼 수 있다고 했다. 처음엔 '이런 황당한 가짜 뉴스를 누가 믿겠나' 싶지만, 보고 싶은 것만 믿는 인간의 '확증 편향'은 선거 시즌에 '무지성無知性'으로 활성화한다.

'김대업 후예들'은 여전히 건재하다. 그들의 공작은 현재 진행형이다. 그들은 가짜 뉴스와 왜곡·날조로 수단과 방법을 가리지 않고 국민을 선동한다. 다음 총선에도, 그다음 대선에도 민주와 진보의 탈을 쓴 '공작자들'은 오랜 전통대로, 그 패턴대로 해 왔던 공작을 반복할 것이다.

시계의 태엽을 돌려, 혹은 타임머신을 타고 과거로 돌아가 과거를 바꿀 수는 없다. 과거가 과거로 존재하는 한, 다만 그 과거와 연결되어 살 수밖에 없다. 당연히 과거의 그 일은 현재의 또 다른 모습으로 진행형이다. 그러니 과거에 일어난 일에 어떤 의미를 부여하고, 지금 내가 이 자리에서 무엇을 해야 할 것인지를 제대로 알고 실천하는 것은 나, 그리고 자유 민주주의의 국민에게 주어진 오늘과 내일의 과제다.

그것이야말로 끝없이 공작을 일삼는 탈진실·무지성인들에 대한 아주 화끈한 복수극이 될 테니!

닫는글 **이동재입니다**

　　　　　원고의 상당 부분은 202일간 구속 당시 새벽에 잠 못 이루며 머릿속에 떠오르는 내용을 공책에 적어 뒀던 내용입니다. 이에 문장이 두서없이 거칠고 종종 글에서 분노도 묻어 나오지만, 그때의 그 감정을 최대한 살리려 그대로 붙여 넣었습니다.

　만약 과거로 돌아간다면 신라젠·VIK 사건을 다시 취재할 것인가. 때때로 공상空想에 빠지곤 합니다. 다시 돌아간다 해도 저는 그 사건 취재를 계속할 것입니다. 국민 수십만 명의 인생을 파괴한 '권력형 비리 의혹'이 있다면 기자는 응당 취재해야 합니다. 언젠가는 권력형 비리 의혹의 추악한 진실이 모두 규명될 테니까요.

　공작에 휘말린 뒤 누명을 완전히 벗기까지 많은 분의 도움을 받았습니다. 서슬 퍼런 문재인 정권에 찍힐까 봐 모두가 내 사건 수임을 꺼릴 때, 기꺼이 나서서 헌신적으로 변호해 준 주진우 변호사님(현 대통령실 법률비서관)과 모든 기록을 검토하며 단서를 발견한 김정훈 변호사님, 김단비 변호사님, 출세가 보장되는 대형 로펌을 사직하면서까지 발 벗고 도와준 오랜 벗 최장호 변호사에게 감사합니다. 함께 기소된 후배를 변호하며 저의 억울함을 풀어준 김한규 변호사님(전 서울변호사회 회장)과 조용현 변호사님(전 서울고법 부장판사)께도 마음 깊이 감사 말씀드립니다. 인간 된 도리로 평생 감사한 마음을 잊지 않고 살겠습니다.

항상 힘이 되어준《채널A》동료들에게 감사합니다. 권력의 부당한 압력에 대항해 2박 3일간 압수 수색에 맞서고, 구속 중에도 수백 통의 편지를 보내 준 동료들 덕분에 하루하루 살아갈 수 있었습니다.《채널A》노조위원장 신분으로 스무 번이 넘는 저의 모든 재판에 찾아와 준 김의태 선배에게 깊이 감사합니다. 서로 말 한마디 나눌 수 없던 시간이었지만, 눈빛으로 전해 주는 응원이 그날을 버티게 하는 힘이 됐습니다. 모쪼록 독자 여러분들께서도 권력의 부당함에 맞설 수 있는 강한 힘을《채널A》에 주시길 부탁드립니다.

진실을 밝혀 준 대다수 법조 기자들에게도 깊은 감사 말씀을 드립니다. 일부 함량 미달 언론은 '자발적 어용'이 되어 가짜 뉴스를 유포하고 권력과 유착해 '내로남불'을 선보였지만, 절대다수 언론인은 공작 사건을 파헤치고 진실을 규명했습니다. 몸은 힘들고 인생에 딱히 도움도 안 되지만, 억울한 사람들을 구제하고 공익을 실현할 수 있다는 점에서 법조는 그래도 매력적인 출입처입니다. 동료 기자들의 무운을 빕니다.

본문에서 강준만 교수님의 글을 많이 소개했습니다. 그는 진영과 정파를 넘어 권언 유착 사건 전반을 탁월하게 분석하며 그 실체를 대중에게 알렸습니다. 그 외에도 탈진실·반지성의 시대를 용기 있게 역행한 다수의 지식인에게 경의를 표합니다.

책을 구성하며 '참고자료'로《조선일보》기사를 많이 인용했습니다. 사건의 '처음부터 끝까지' 전력을 다해 취재하는 그들을 보며 많이 배웠습니다. 구속 중《조선일보》모 논설위원의 식견에 감탄하며 그의 글을 베껴 쓰는 연습도 했습니다. 고통의 시간이었지만, 신기하게도 다시금 공익을 위해 취재하는 기자가 돼야겠다는 의지가 생겨났습니다. 그렇게 버텼습니다. 아주 긴, 뜻 있는 배움의 시간이기도 했습니다.

《죄와 벌》, 이 책의 집필은 제 삶에 있어 '도둑맞은 진실'을 찾는 여정이었습니다. 추악한 권력에 찌든 자들이 그것이 들통나면 끝장일 것을 우려해 타인의 삶을 뭉개는 것으로 자신들의 삶을 연명해 가는 것을 종을 치게 하기 위한 공적 산물입니다. 죄는 결국 남 안 주고, 죄 지은 사람이 다 받게 돼 있으니까요.

책 한 권을 내놓기까지 많은 분의 도움이 있었습니다. 매일 꾸역꾸역 기사를 쓰며 살아왔지만, 책을 쓴다는 것은 기사 작성과 비교할 수 없을 정도로 손이 많이 가는 일이라는 걸 여실히 깨달았습니다.

세상 벼랑 끝에 홀로 매달려 있다고 느낄 때마다 얼굴도 모르는 많은 분이 힘을 주셨습니다. 지치지 않고 살겠습니다.

이동재입니다.

1

가짜 뉴스 유포자 관계도

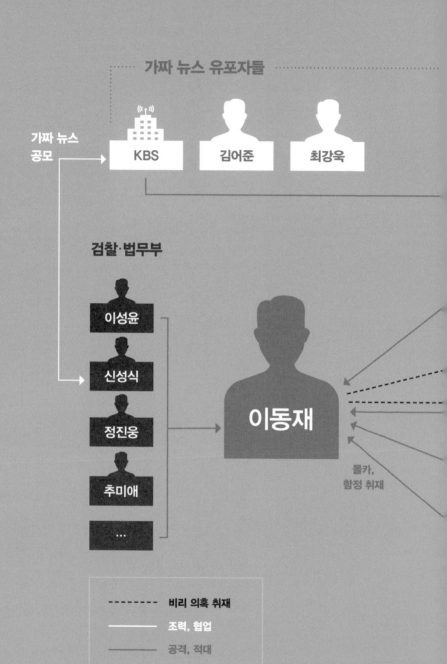

가짜 뉴스 유포자들

KBS 김어준 최강욱

가짜 뉴스
공모

검찰·법무부

이성윤
신성식
정진웅
추미애
...

이동재

몰카,
함정 취재

- - - - - - - 비리 의혹 취재
———————— 조력, 협업
———————— 공격, 적대

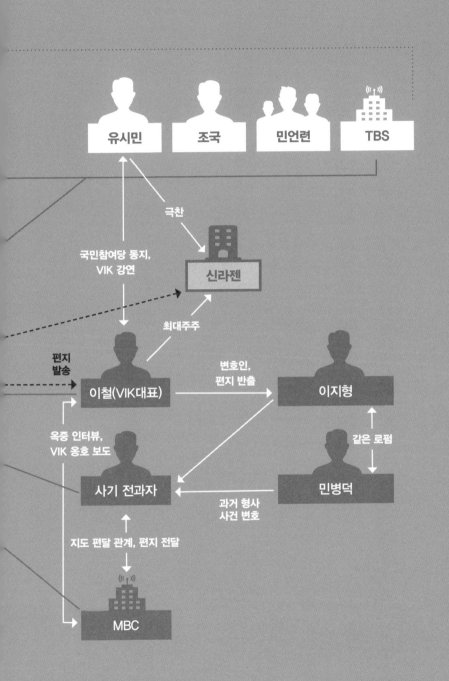

죄와 벌

발행일	2023년 10월 20일 초판 1쇄
	2023년 11월 30일 초판 6쇄

지은이	이동재
기획	플로우북스
책임편집	박지영
발행인	김용성
발행처	지우출판

주소	서울시 동대문구 휘경로 2길 3, 303호
전화	(02) 962-9154
팩스	(02) 962-9156
이메일	lawnbook@naver.com
등록	2003년 8월 19일 (신고 제9-118)

ISBN 979-11-984910-0-8 (03340)